銘명,

사물에 새긴
선비의 마음

글 **임자헌**

이화여자대학교 심리학과를 졸업하였다. 미술 잡지 기자 생활을 잠시 하다가 한학으로 진로를 변경해 한국고전번역원 부설 고전번역교육원에서 상임과정까지 마치고, 한국고전번역원에서 번역위원과 전문위원으로 근무하였다. 『일성록』 번역과 '조선왕조실록' 현대화 사업에 참여하였고, 『군자를 버린 논어』, 『맹랑 언니의 명랑 고전 탐닉』 등을 출간하였다.

그림 **정민주**

대학에서 서양화를 공부한 후 출판미술대전 수상을 계기로 그림책에 그림을 그리기 시작하였다. 교과서, 사보 등에 삽화를 그렸으며 최근에는 동양화에 매력을 느껴 전통적인 그림에 현대적인 요소를 넣고 있다. 철학 동화 『마음으로 세어요』, 명작 동화 『인어공주』, 사임당 화장품 달력 등이 있다.

감수 **전백찬**

경북대학교 대학원에서 한문학과 박사과정을 수료하였다. 계명대학교, 경북대학교, 영남대학교 등에서 강의하였다. 현재 한국고전번역원에 재직 중이다. 『일성록』, 『성호전집』, 『죽석관유집』, 『창계집』, 『성암집』, 『겸재집』 등의 번역에 참여하였고, 「태재 유방선의 시 세계」, 「정제두 경학의 철학적 기저」 등의 논문을 발표하였다.

국립중앙도서관 출판예정도서목록(CIP)

銘(명), 사물에 새긴 선비의 마음 : 평범함에서 특별함을 읽어 낸 선비들의 시선 /
글: 임자헌 ; 그림: 정민주. -- [서울] : 한국고전번역원, 2017
p. ; cm. -- (고전작품선집)

한자를 한글로 번역
감수: 전백찬
ISBN 978-89-284-0495-7 03810 : ₩12000

한국 고전[韓國古典]
810.829-KDC6
895.708-DDC23 CIP2017031441

銘명,

사물에 새긴 선비의 마음

고전작품선집

평범함에서 특별함을 읽어 낸 선비들의 시선

한국고전번역원

머리말

바야흐로 풍요의 시대.

모든 게 너무 많다. 온갖 물건이 다종다양하게 쉴 사이 없이 쏟아져 나오고, 또 그만큼이나 다채로운 광고가 우리의 눈과 귀를 사로잡고 생활 주변에서 끊임없이 아른아른 앵앵거린다. 지금 우리는 옷이든 가구든 전자 제품이든 자동차든 망가져서가 아니라 그저 조금 낡았거나 유행이 지났거나 질렸기 때문에 버리고 새로 구입하는 것이 너무 당연한 시대를 살고 있다. 이런 세상을 유지하기 위해 그렇게 소비해야만 경제가 건강하게 굴러 간다는 신종 미덕도 생겨났다.

오래된 것 낡은 것은 못난 것이 되어 버렸다. '앤틱antique' 제품이 인기를 끌기도 하지만 그 앤틱은 그냥 낡고 오래된 것이 아니라 '비싸게 낡은 것'을 의미한다. 값나가는 고가구나 옛 기물이 앤틱이 되는 것이다. 그래서 유사한 느낌만 낸 앤틱풍 새 것도 많다. 평범한 일상 용품에 '손때'가 묻었다면 그건 구질구질한 것이고, 특별한 취미나 애착을 둔 물품에 '손때'가 묻어야만 비로소 특별한 것으로 인정받을 수 있다. 모든 게 차고 넘쳐서 저마다 의미를 갖지 못하고 그저 그렇게 흘러가 버린다.

이제까지 탕진하는 재미가 오락이나 스트레스를 해소하는 방법이 된 시대는 없었다. 불과 4, 5십 년 전만 해도 물건이란 물건은 쓰다가 쓰다가 더는 못 쓰게 될 때까지, 못 쓰게 되었어도 혹시 모르니까 일단 보관해 두는 시대를 살았다. 물건은 귀했고 쓸 사람은 많았으니, 한번 내 손안에 들어온 것은 거의 나와 일생을 함께하는 반려였다. 손때가 묻지 않은 물건이 없었고, 그게 정상이었다. 모자랐기에 모든 게 제 몫의 의미를 끝까지 다 하며 삶에 머물던 시대였다.

'명銘'이란 예전에 그렇게 곁에서 삶을 함께한 물건을 노래한 글을 일컫는다. '명'의 뜻은 '새기다'로, 물건에 대한 내력이라든가 그것에 대한 생각, 혹은 그것을 보고 떠오른 각성을 그 기물에 새겨 두었기 때문에 붙은 한문 문체의 이름이다. 시간이 흐르면서 이 문체의 형식과 내용은 점차 확장되어 사물에 관한 글 외에 좌우명처럼 자기 자신을 경계하도록 마음에 새기는 글, 비명·묘지명·묘비명처럼 사람의 공적이나 일의 내력을 새긴 글까지 다양하게 변용되었다. 명나라 때 서사증徐師曾은 『문체명변文體明辨』에서 명이라는 문체를 "그 기물에 이름을 붙여 스스로 경계하는 것이다.名其器物以自警也"라고 정의하기도 했다. 사물을 골똘히 들여다보면서 그 사물에 의미를 부여하고 오래도록 기억하며 스스로를 거기에 비추어 반성한다는 것은 그 사물이 그만큼 익숙하다는 의미이기도 하다. 늘 내 곁에 있어서 눈길과 손길이 닿으니 늘어나는 세월의 무게만큼 그 사물에 대한 생각도 깊어지는 것이다.

고려와 조선 시대 선비가 남긴 명을 읽어 본다. 그리고 그 명에 비친 선비의 마음을 헤아려 본다. 글만 읽은 딱딱한 선비가 어쩌면 이렇게 아기자기할까 싶은 글도 있고, 어머 귀여우셔라 싶은 글도 있으며, 재치 넘치시네 싶은 글도 있고, 꼬장꼬장한 것이 역시나 선비네 싶은 글도 있다. 무엇보다 일상의 사물에 담은 사유를 보며 요즈음 같은 풍요와 소비의 시대에는 아무리 많이 공부한 지식인이라도 이런 글을 쓰기는 어렵겠다 싶은 생각이 든다. 넘쳐 나는 물건이 조금 머물렀다가는 죄다 흘러가 버려 삶 속에 고이지 않으니 찬찬한 시선을 던질 일도, 거기에 사유를 담을 일도 거의 없기 때문이다.

물론 요즘도 내 곁에 오래 머무르는 물건이 있기는 하다. 그런 물건은 처음 내게 올 때부터 사연을 담고 있어야 한다는 점이 예전과 다르다. 유품, 사랑의 징표, 우정의 상징처럼 처음부터 사연을 가지고 와야만 그것들이 휩쓸려 사라져 가지 않도록 신경을 쓰게 된다. 예전에는 아무 사연 없이 왔어도 오래 곁에 머물러 있다가 시선을 받아 특별해지는 경우가 대부분이었다.

나도 요즘 사람인지라 낡은 것보다 분명히 새것에 열광하고, 멋진 광고나 신제품을 볼 때마다 사고 싶어 안달한다. 그렇게 물건을 사서 흘려보내며 살다 보니 나조차도 어느새 어딘가 고이지 못하고 되는대로 흘러가는 데에 익숙해졌다. 스스로 걸어

온 삶을 돌아보며 칭찬하고 격려하기보다 젊어 보이려면 뭘 먹고 뭘 발라야 하나부터 따지게 되었다. 어떻게 애를 써도 사람은 새것으로 못 바꾸는데 이 몹쓸 병을 어떻게 고치나 고민하던 즈음에 이 명들을 만났다.

훌륭한 선비로 이름난 정도전, 이황, 이익, 정약용, 이덕무, 황현 등이 사물에 비추어서 보여 준 마음을 읽고 곱씹으며 잠시나마 시간을 붙잡아 보았다. 내 주위의 모든 것에 '잠시 멈춤'의 불이 켜지자 소담함이 빚어내는 지혜가 반딧불처럼 반짝이기 시작했다.

가득 차면 넘치고 넘치면 흘러가 버린다. 그저 정신없이 흘려보내고 흘러가다가 인생의 마침표를 찍게 된다면 너무 허무하지 않겠는가. 잠시 여기 옛 선비와 함께 주변과 사물과 공간을 붙들고 시간에 넉넉하게 고여 보는 건 어떨까? 주변에 천천한 시선을 던지다 보면 스스로에게도 애써 살아온 지금 이대로를 토닥여 주는 따스한 눈길을 보내게 될지도 모를 일이다.

2017년 12월
나의 작고 소박한 서재에서
임자헌

차례

1. 가족과 벗, 일상

2. 옛글 옛사람, 풍류

3. 역사의 길목, 세상의 표정

4. 별난 시선, 색다른 이야기

1.

가족과 벗, 일상

여름을

이해하는 방식이

우리의 가을을

다르게

빚어낼 것이다.

마음으로 빚은 과자를 담나니

떡을 반죽해서 기름에 튀기고 溲餠油煎
쌀을 볶아 꽃송이처럼 만들어서 熬稻成花
엿을 발라 곱게 붙여 내니 飴餳粘著
노인을 봉양한다는 명분, 아름답구나! 養老名嘉
무엇으로 그것을 담아냈는가 何以包之
버들을 잘라 만든 그릇이라네 戕杞爲器
낮이고 밤이고 無夙無夜
생각날 때마다 집어 먹으면 任啗隨意

몸을 부지하는 데 도움이 되리니 扶將有力
여기에 의지해 여생을 보내 보리라 聊以沒齒

이익李瀷 1681~1763, 「상진권명常珍棬銘」, 『성호전집星湖全集』

이 명에는 짧은 서문序文이 곁들여 있다. 지은이 이익에게는 채씨蔡氏 성을 가진 며느리가 있었는데, 이 며느리가 유독 시아버지에게 살가웠던 모양이다. 항상 산자糤子를 만들어 작은 나무그릇에 담아 시아버지 자리 옆에 두고 드시게 했다고 한다. 그 마음이 곱고 예뻐 며느리가 과자를 담아 내오는 그릇에 '상진권常珍棬'이라는 이름을 붙이고 이 명을 지었던 것이다.

상진권의 '상진'은 『예기禮記』 「왕제王制」에 나오는 표현이다. 거기에 보면 "50세 노인에게는 음식을 젊은 사람과 달리하고, 60세 노인에게는 항상 고기를 준비하며, 70세 노인에게는 맛있는 반찬을 두 가지씩 올리고, 80세 노인에게는 항상 진미를 올리도록 하며, 90세 노인에게는 항상 침소에서 음식을 드실 수 있게 하고 맛있는 음식과 음료가 가는 곳마다 준비되어 있어야 한다.五十異粻 六十宿肉 七十貳膳 八十常珍 九十飮食不離寢 膳飮從於遊 可也"라는 말이 나오는데, 이익은 이에 대해 "80세 노인에게 항상 진미를 올려야 하는 것은 기氣가 허해서 쉽게 배고픔을 느끼기 때문"이라고 서문에서 밝히고 있다.

아름다운 풍경이다. 며느리는 연로하신 시아버지가 혹시나 기력이 달리실까 입맛을 잃으실까 염려해서 항상 달고 맛있는 과자를 만들어 언제든 드실 수 있게 마련해 놓았고, 시아버지는 그런 마음 씀씀이가 고마워 그릇에 이름을 붙이고 명도 지어 일상의 푸근한 추억을 기념했다. 게다가 꼼꼼한 시아버지는 이렇게 명을 지었을 뿐 아니라 산자의 뜻이나 만드는 방법까지도 『성호사설星湖僿說』에 이렇게 자세히 적어 두었다. "산자糤子란 것은 볶은 벼를 말한다. 찰벼糯를 껍질 그대로 솥에 넣어 볶으면 속에 들었던 쌀이 꽃송이처럼 튀어 흩어지는 까닭에 산자라고 한다. 지금 풍속에 혹 기름으로 볶은 찹쌀을 통칭 산자라고 하는데, 이는 올바른 명칭이 아니다. 산자는 별도로 떡을 네모나게 얇게 만들어 기름에 볶고, 엿을 발라서 튀밥을 붙인 것을 말한다."

지금도 이 설명만으로도 산자를 만들 수 있을 것 같다. 손이 많이 가는 과자를 귀찮아하지 않고 항상 준비해 두는 정성스러운 아랫사람의 마음과 그 정성을 당연하게 여기지 않고 고마워하며 학자답게 이렇게 저렇게 글로 남기는 마음이 따스하다. 『논어論語』에서도 부모의 마음을 봉양하지 않고 몸만 봉양하는 것은 효도가 아니라고 했다. 가축도 그렇게 기르지 않느냐면서 말이다. 시아버지와 며느리 사이는 누구에게나 쉽지 않은 관계련만 서로 마음으로 닿으면 이렇게도 아름다워진다. 과자 하나로도 충분히 전할 수 있는 진심, 혹시 주위에 껄끄러운 이가 있다면 달달한 과자 한 그릇 마련해 봐도 좋지 않을까?

입 없는 거울도 도움을 주는데

나의 얼굴에 때가 묻어 있어도	面有汙
사람들은 일러 주지 않기도 하지	人或不告
그래서 거울은 말하는 대신	以故鏡不言
그대로 비춰 묻은 걸 보여 준다네	寫影以示咎
입 없는 거울의 도움이	無口之輔
입 있는 사람보다 훨씬 나으니	勝似有口
마음 있는 사람의 살핌이	有心之察
어찌 무심히 다 드러내 주는 거울만 하겠는가	豈若無心之皆露

이익李瀷 1681~1763, 「경명鏡銘」, 『성호전집星湖全集』

누군가와 마주 앉아 있다 보면 그 사람 얼굴에 뭔가 묻은 것을 볼 때가 있다. 묻어 있는 것이 웃으며 일러 줄 만한 것이면 아무 상관 없지만 입에 올리기 어색한 경우는 아주 곤혹스럽다. 치아에 고춧가루가 끼어 있다든지, 코털이 삐져나왔거나 코딱지가 들러붙어 있다든지 하면 아무래도 말해 주기 어렵다. 둘 사이가 남녀 관계이거나 상하 관계일 때는 더 애매하다. 말없이 내가 떼 줄 수도 없고 어떡하나 고민만 하다가 결국 스스로 알아채기를 바라며 말을 삼키고 만다. 내 난처함이야 그렇게 끝나면 그뿐이지만 나와 헤어진 뒤 거울을 보고 민망한 얼룩을 발견한 상대의 심정은 어떨까? 괜스레 겸연쩍어지며, 귀띔이라도 좀 해 주지 싶다가도 말해 주긴 뭣했겠다 싶기도 하고, 왜 그동안 화장실에 갈 생각도 못했을까 하며 이런저런 후회가 교차할 것이다.

이익도 이런 경험이 있었던 모양이다. 사람도 만나고 할 일도 하며 한참 돌아다니다가 집에 돌아왔는데, 거울을 보니 '아, 이러고 돌아다녔단 말인가!' 싶은 지저분한 얼굴이었던 경험 말이다. 이런 날 거울을 보니 그 솔직함이 새삼 고맙게 느껴진다. 누구든 이 거울처럼 솔직하게 곧장 말해 주었다면 이 부끄러운 모습을 얼른 거둘 수 있었을 텐데 둘 사이의 체면 좀 차리려다 결과적으로 종일 모든 이들에게 민망한 꼴을 당하고야 말았다. 냉정한 솔직함이 허물을 바로잡는 데 얼마나 중요한지 절실하게 깨닫게 되는 순간이다.

물론 상대를 배려하는 마음은 원만한 인간관계에 반드시 필요한 자세이다. 그러나 그것이 정말로 배려인지 아니면 눈치를 보거나 아첨하는 것인지 경계가 모호할 때도 많다. 심지어 골탕을 먹이려고 배려인 척 덫을 놓기도 한다. 정직이 우선되어야 진정한 배려일 수 있다. 사람은 자기 스스로를 볼 수 없다. 거울에 비춰야 내 모습을 볼 수 있듯 타인과의 관계를 통해서 스스로를 더 잘 돌아볼 수 있다. 그러니 누군가의 실수나 잘못을 보았다면 보이는 그대로 말해 주어야 한다. 그래야 그 사람은 자신이 잘못한 것을 객관적으로 직시할 수 있다.

절대 쉬운 일이 아니다. 이 어려운 일을 위해 꼭 필요한 존재가 바로 '친구'이다. 친구는 핏줄로 연결된 인연도 아니고, 이익을 추구하려고 손잡은 사이도 아니고, 일로 맺어진 상하 관계도 아니고, 그저 마음이 맞고 뜻이 통하여 사귄 지극히 수평적이고 자유로운 관계이기 때문에 이 역할을 맡을 수 있다. 그래서 증자曾子는 제대로 배운 지성인은 벗을 통해서 온전한 사람다움을 완성해 간다君子 以友輔仁고 했고, 맹자孟子는 바르고 선한 일을 하도록 권하는 것이 친구 사이의 도리責善 朋友之道라고 했다. 객관적으로 나를 보고 내 잘잘못을 지적해서 성장과 성숙을 도와주는 사람이 진정한 의미의 친구이다.

듣기 좋은 말만 해 주는 사람과 함께 있으면 즐겁다. 마음이 없는 거울처럼, 입이 없는 거울처럼 있는 그대로를 비춰 보여 주는 사람은 불편하다. 더러운 나를 직면하게 만드는데 기분 좋기는 힘들다. 그러나 친구가 그렇게 해 줘야 세상에 깨끗하게 나설 수 있다. 친구가 얼룩을 봐 줘야 세상에서 손가락질받지 않을 수 있다. 거울은 얼룩을 지울 기회를 줄 뿐이지 얼룩이 있다고 비난하지 않는다. 친구도 마찬가지이다. 그가 내 허물을 들추어내는 것은 바로잡으라고 권하는 뜻이지 나를 비난하겠다는 의미가 아니다. 진짜 친구라면 얼룩쯤 얼마든지 보여도 괜찮고, 오히려 내가 먼저 얼룩이 묻었는지 그에게 물을 수 있어야 옳다.

흔들리지 않는 걸상처럼

몸이 기대는 곳	身之所寄
너는 고이 받들라	汝安承只
기울지도 비스듬하지도 말아	無傾無側
내가 올라앉게 하라	容我登只

어세겸魚世謙 1430~1500, 「**기물명이십수효왕위**器物銘二十首效王褘」 중 '**탑**榻', 『**동문선**東文選』

의자에 한 번도 앉지 않고 지나가는 날이 있을까? 지금도 의자에 앉아 이 글을 쓰고 있다. 책상 위에 일감을 늘어놓고 그 책상 높이에 맞는 걸상에 앉아 일감을 처리한다. 걸상이 수평이 맞지 않아 조금이라도 흔들리면 여간 신경 쓰이는 게 아니다. 몸이 흔들거려서 중심이 잡히지 않으니 쉴 수도 졸 수도 집중할 수도 없다. 다리 길이가 서로 다르게 제작되어서든 미장이 제대로 되어 있지 않아 바닥이 편평하지 않아서든 어쨌건 기우뚱해서 흔들거린다면 그 흔들림부터 잡아야 걸상은 걸상으로서의 제 임무를 다할 수 있다.

걸상의 주 임무는 사람이 편안히 앉을 수 있도록 사람을 괴어 받쳐 주는 것이다. 그런데 이 '괴다'라는 말이 예전에는 '사랑하다'라는 의미로도 사용되었다. 그 유명한 정철鄭澈의 「사미인곡思美人曲」에 이 용례가 등장한다.

> 나 ᄒᆞ나 졈어 닛고 님 ᄒᆞ나 날 괴시니, 이 ᄆᆞ음 이 ᄉᆞ랑 견졸ᄃᆡ 노여 업다.(나 오직 젊어 있고 님 오직 날 사랑하시니 이 마음 이 사랑 견줄 데가 전혀 없다.)

또 고려 시대에 정서鄭敍가 썼다는 「정과정곡鄭瓜亭曲」에서도 같은 용례로 쓰인 '괴다'를 찾아볼 수 있다.

아소 님하, 도람 드르샤 괴오쇼셔.(아아 님이시여, 다시 돌아가시어 사랑해 주소서.)

'괴다'에 왜 사랑한다는 뜻이 있는 것일까? 무언가를 괴어 주는 것은 그 대상을 내가 품어 편안하고 안정감 있게 자리할 수 있도록 받쳐 주는 것이기 때문이다. 괴어 주는 것은 나를 위해서가 아니라 상대를 위해서 나의 공간을 내놓는 행위이다. 그래서 사랑과 닮았다. 사랑을 시작하면 나의 주인이 바뀐다. 여전히 나는 나지만 나의 생각, 나의 생활 모든 것이 '너'를 중심으로 바뀌게 된다. 누가 나를 좀 위해 주지 않나 바라던 마음이 그 사람 하나 제대로 품어 행복하게 해 주고 싶어 나에게서 나를 비우기 시작한다. 이기利己의 삶에서 비로소 이타利他의 삶으로 변하기 시작하는 것이다.

그 이타적인 마음을 '사랑'이라고 말하면 조금 추상적으로 느껴지지만 '괸다'라고 표현하면 지금 또 앞으로 내가 너를 어떻게 대할 것인지 그 모습이 좀 더 구체적으로 드러나 보인다. 너는 내 마음에 고여 있고 그렇게 고여 있는 너를 위해 아픈 줄도 무거운 줄도 모르고 나는 너를 받쳐 줄 것이다. 네가 행복하도록 네가 늘 웃을 수 있도록 말이다. 부모와 자식 간의 사랑도, 연인끼리의 사랑도, 친구끼리의 사랑도 이 마음과 다르지 않다. 사랑이 시작되면 서로가 서로를 받쳐 주는 존재가 되는 것이다.

의자에 앉아 나를 잘 받쳐 달라 부탁하며 나는 누군가를 받쳐 주고 세워 주며 살고 있는지 돌아본다. 기울지 않게, 흔들리지 않게 내 중심을 잡는 것은 비단 나의 삶을 위해서만이 아니라 내게 기대는 너를 위해서이기도 하다. 그렇게 서로를 받쳐 주며 너와 나는 비로소 '우리'가 되어 간다.

근묵자흑, 그러나……

멀리하면 사용할 수 없고　遠之缺用
가까이하면 물들기 쉬우니　近則易染
멀리하고 가까이할 때　親踈之際
점검을 잘해야 하느니　正好點檢

송시열宋時烈 1607~1689, 「**칠물명**七物銘」 중 '**묵**墨', 『**송자대전**宋子大全』

이 명은 홍석洪錫이 송시열에게 청하여 받은 글이다. 홍석은 1637년인조15 병자호란이 굴욕적인 화의로 끝을 맺자 벼슬을 단념하고 태백산에 은거하며 학문을 닦아 '태백산 오현太白山五賢'으로 불렸던 인물로, 송시열은 그를 학문과 행실이 뛰어나다고 조정에 추천한 바 있었다. 어느 날 홍석은 날마다 쓰는 물건인 벼루, 붓, 먹, 이불, 요, 베개, 방석에 대해 명을 써 달라고 부탁하였고, 이에 송시열은 일곱 가지 물품 각각의 속성에서 배울 만한 점을 찾아 풀어내 주었다. 그 일곱 개의 명 가운데 이 글은 '먹'에 관한 것이다.

먹을 뜻하는 한자 '묵墨'을 보면 바로 '근묵자흑近墨者黑'이라는 사자성어가 떠오른다. 본문 가운데 '가까이하면 물들기 쉬우니'라는 구절에도 이 경계가 담겨 있다. 먹을 가까이하다 보면 검어지게 마련이다. 인간은 자신을 둘러싼 환경과 사람에게 영향을 받는다. 영향을 받으면 변하게 되고, 계속 그 영향 아래 놓여 있으면 그 변화가 성품으로 굳어진다. 그러니 좋지 않은 환경이나 사람이라는 판단이 들면 그 속에 섞여 있으면서 물들지 않으려고 노력하기보다 되도록 피하고 멀리하는 게 낫다고들 말한다.

하지만 무조건 받아들여야 하는 환경이나 사람도 있다. 본문에서 말하듯 '멀리하면 사용할 수 없'으므로 자신이 살아가는 길에 그것이 반드시 필요하다면 선택의 여지는 없다. 학문의 길을 걷는 선비가 먹을 멀리하는 건 상상도 할 수 없는 일이다. 책 읽고 글 쓰는 것이 하는 일의 전부이다시피 한 사람이 검어질까 봐 글 쓰는 핵심 도구를 멀리한다면 벼룩 잡으려다 초가삼간 태우는 격이다. 멀리할 수 없고 항상 가까이해야 하는데 나를 다치게 할 위험이 있다면, 꼭 필요한 것은 섬세한 점검뿐이다. 내가 먹을 활용하고 있는 수준을 넘어서서 먹이 나를 얼마나 검게 물들이고 있는지 늘 신경 써서 돌아보아야 한다.

그러나 또 한편 생각해 보면 곁에 두고 가까이해서 항상 이익만 되는 사물, 사람, 환경이 있을까 싶다. 대부분 양날의 검이다. 이들 모두 야누스가 되는 까닭은 그 자체의 문제가 아니라 사실 인간 본성의 문제일 것이다. 인간의 마음에는 선과 악, 이기와 이타, 중독과 절제, 욕망과 희생, 탐욕과 만족, 질서와 무질서가 공존한다. 마음의 균형추를 바르게 잡고 있기보다는 어떤 이유로든 어느 한쪽으로 쏠릴 때가 훨씬 많다. 내 마음이 한쪽으로 기울면 환경과 나의 팽팽한 긴장 관계가 깨지고 한쪽이 다른 한쪽을 집어삼키는 상황이 발생한다. 이런 상황은 타인에게도 문제가 된다. 나도 환경 아래 서 있지만 나 또한 누군가의 환경이 되기 때문이다. 한쪽으로 쏠린 나는 누군가에게 그 자체로 나쁜 환경이 되는 것이다.

『논어』에서 공자孔子는 안영晏嬰이라는 제齊나라 재상이 사람 사귀는 방법을 정확히 잘 안다면서 칭찬했는데, 그 방법이란

게 '오래 사귀어도 상대방을 공경할 줄 아는 것久而敬之'이었다. 상대방을 오랫동안 공경할 줄 아는 힘은 자기 절제에서 나온다. 가까워졌으므로 선을 넘고 싶을 적이 많지만 스스로 참아 내고야 만다. 한번 넘어가면 돌아오기 어려운 줄을 알고 애당초 선을 넘지 않는다. 이 '선'을 돌아보는 것이 바로 점검일 것이다. 삼가고 신중히 대하는 자세를 잃지 않는다면 나에게 다가오는 것도 내가 다가가는 것도 모두 서로에게 해롭기보다는 크게 이롭지 않을까 생각해 본다.

바람 간직한 쥘부채

가득하게 차 있는 것은 공기 盈盈者氣

그것을 움직이면 바람이 되지 動之則爲風

그리할 재주 갖고 있으나 조용히 숨기고 있다네 有動之之才而卷而懷之

고요한 외연, 그 속엔 바람이 간직되어 있다지 寂然而風在其中

정약용丁若鏞 1762~1836, 「**섭첩선명**摺疊扇銘」, 『**다산시문집**茶山詩文集』

차곡차곡 접혀 단단한 막대 모양을 하고 있는 쥘부채, 그 한쪽을 잡고 힘주어 '촥' 펼치면 가지런히 접혀 있던 부챗살이 한순간 좌르륵 펴진다. 넓은 부채꼴 모양의 전신을 살며시 흔들면 잠잠하던 공기가 이리저리 흔들려 바람을 일으키면서 내 살갗에 시원함을 선사한다.

유럽 여행을 하던 어느 더운 날 쥘부채를 펼치자 그곳 사람들이 매우 신기해했다. 그들은 손목 스냅 한 번에 펴지고 또 원래대로 접히는 부채 모습을 무슨 마술 구경하듯 쳐다보았다. 이렇게 손쉽게 펼치고 접으려면, 새것이어서 아직 손에 설 때부터 펼칠 때마다 바르게 접어 넣는 귀찮음을 감수해야 한다. 귀찮다고 함부로 펼치고 접어서, 접히는 모서리에 각을 잡지 않거나 구겨지게 내버려 두면 이후로 멋지게 폈다 접었다 하는 일은 포기해야 한다. 부채가 무슨 대단한 도구도 아닐뿐더러 부채를 다루는 것이 으스댈 기술도 아니지만 서로 길이 드는 시간이 필요하고, 그 시간은 단정하고 질서 있는 시간이 되어야 한다. 그래야 비로소 오랫동안 익숙하고 편안한 사이가 될 수 있다.

부채는 바람을 움직일 재주를 가지고 있다. 쥘부채는 그 재주를 세상이 섣불리 발견할 수 없게 자기를 접어 자신이 부채라는 사실을 감춘다. 누군가 그것을 알아보고 펼쳐 주어야 비로소 세상을 위한 자신의 쓰임을 드러내 보인다. 누가 봐도 한눈에 부채로 알 수 있는 태극선처럼 자신의 능력과 재주를 눈에 띄게 하여 곧바로 세상에 쓰이는 인재도 있지만 쥘부채와 같은 인재도 있다. 세상을 경륜經綸할 지혜를 가지고 있으면서도 자신을 접어 숨기고 있는 사람 말이다. 이들은 펼쳐 주는 과정이 필요하다. 찾아내서 펼쳐 주기만 한다면, 쥘부채는 휴대가 간편하기 때문에 훨씬 더 편리하게 어느 곳으로든 옮겨 다니며 이로운 바람을 일으킬 수 있다.

다만 쥘부채는 틀을 잡아 놓은 부채보다 찢기고 상하기 쉽다. 함부로 사용하는 사람 손에 들어가면 순식간에 망가질 수 있다. 부채 안에 간직된 바람을 알아보고 찾아내는 것도 중요하지만 다 쓰고 난 뒤 고이 접어 들여서 잘 관리해 주어야 한다는 점 또한 매우 중요하다. 그래야 길이 잘 들어 오래오래 온전하게 함께할 수 있다.

쥘부채를 보며 관계의 중요성을 생각한다. 아무리 뛰어난 재능을 지녔더라도 사람을 잘못 만나면 제대로 능력을 발휘해 보지도 못하고 쉽게 망가질 수 있다. 매번 함부로 다루어지는데도 상처 입지 않고 비뚤어지지 않고 선하고 아름답게 자기 자신을 간수할 수 있는 사람은 거의 없기 때문이다. 따라서 재능 그 자체도 중요하지만 관계를 맺는 방식이 더 중요하다. 위에 있는 사람들은 무엇보다 넓은 시선과 훌륭한 인성을 갖추어야 한다. 그래야 재능은 있으되 접혀 있는 이가 사장되지 않을 수 있고, 그 재능이 다치지 않고 오래오래 세상의 바람이 될 수 있기 때문이다. 아울러 그렇게 성장한 사람이라야 그 자신이 윗사람이 되었을 때 또다시 젊부채 같은 누군가를 끌어 주는 세대의 선순환이 일어날 수 있기 때문이다.

손때 묻은 작은 벼루

벼루야, 벼루야!　　硯乎硯乎
너의 작음은 네가 수치로 여길 것 아니란다　　爾麽非爾之恥
네 비록 한 치쯤 되는 작은 웅덩이이지만　　爾雖一寸窪
나의 무궁한 생각을 쏟아 내게 한다　　寫我無盡意
내 아무리 육척 장신이지만　　吾雖六尺長
사업은 너를 빌려 이루어진단다　　事業借汝遂
벼루야, 나는 너랑 함께 돌아갈 것이니　　硯乎吾與汝同歸
죽는 것도 사는 것도 함께하자꾸나　　生由是死由是

이규보李奎報 1168~1241, 「**소연명**小硯銘」, 『**동국이상국집**東國李相國集』

이 명을 보면 지은이 이규보는 덩치가 컸던 모양이다. 육척 장신이라고 하였으니, 지금으로 치면 180cm 정도 되는 꽤 큰 키의 소유자였다. 그런데 즐겨 쓰는 벼루는 작은 것이었던 모양이다. 벼루 웅덩이 곧 먹을 갈기 위하여 물을 붓거나 간 먹물이 고이는 곳이 한 치쯤 된다고 했으니, 지금으로 치면 3cm 정도에 불과한 정말 작은 크기이다. 이런 벼루는 소매에 넣어 가지고 다니는 휴대용으로, 요즘 담뱃갑만 하다. 저토록 큰 사람이 이토록 조그만 벼루를 곁에 놓고 웅크리고 앉아 먹을 갈아 글을 쓰고 있는 모습을 상상하면 그 옹색스러움에 보는 이들마다 '킥킥' 절로 웃음을 터뜨렸을 것 같다. 덩달아 저게 손에 쥐어지기나 하나 신기해하기도 했을 것 같다.

살다 보면 어쩌다 마음에 붙는 물건이 있다. 아무리 같은 종류를 여럿 가지고 있더라도 손이 절로 닿는 것은 기어이 그것 하나인 경우가 많다. 더 비싼 게 있어도, 더 귀한 것을 선물받아도 매번 쓰는 것만 또 쓴다. 물론 그 물건이 누가 쓰더라도 가장 좋기 때문에 그런 것은 아니다. 그저 나와 궁합이 맞아서일 뿐이다. 그렇게 쓰다 보면 낡아 가고, 어느 순간 주위 사람들에게 더 편하고 더 좋은 것 다 제쳐 두고 왜 굳이 저 낡은 것과 씨름을 하냐고 핀잔을 듣는 지경에 이른다. 그러나 이미 나에게는 익숙함과 함께 마음과 세월이 그 안에 녹아든 상태여서 그 낡음은 편안함이고 정이고 친근함이지 도무지 '낡음'일 수 없다. 오래 함께한 것에는 새것이 대체할 수 없는 전우애 같은 것이 깃들어 있다. 그런 물건은 오래될수록 새것이나 더 좋은 것에 눈을 돌리게 하는 게 아니라 아예 더는 못 쓰는 날이 올까 봐 되레 전전긍긍하게 만든다.

이규보는 당대에 크게 이름을 날리던 문장가이고 높은 관직도 두루 거쳤으니, 선물로 받은 문방사우文房四友가 셀 수 없이 많았을 것이다. 분명 각종 명품 벼루가 이제나 저제나 쓰일 날을 기다리고, 어딜 가나 진귀한 벼루가 준비되어 있었으리라. 그러나 얄궂게도 이규보의 마음에 착 달라붙은 것은 저 작은 휴대용 벼루였다. “자네는 좋은 벼루 다 놔두고 어째 이 조그만 것만 닳고 닳도록 쓰는가? 가뜩이나 커다란 사람이 궁상맞게……!” 혀를 차며 한마디씩 하는 친구들을 뒤로하고 이규보가 벼루를 쓰다듬으며 기특하게 여기는 광경이 눈에 보이는 듯하다. “조그맣다고? 이렇게 무궁무진하게 내게 글을 공급해 주는데? 이 아이가 담아 준 먹물로 쓴 글이 무려 몇 편인지 알고나 작다고 하는 건가? 내 덩치랑 이 벼루랑 무슨 상관인데? 벼루야, 듣지 말거라, 신경 쓰지 말거라. 난 너 없으면 안 돼. 앞으로도 내가 좋은 글 많이 쓰게 내 옆에서 항상 날 도와주렴.” 문득 이 벼루가 몇 살까지 살았을지 궁금해진다. 이규보의 바람만큼 오래오래 그의 글 시중을 들어 주었을까? 사람이든 사물이든 오랜 시간을 함께할 수 있다면 그것은 참 특별한 인연이다.

맑아서 진실한 거울의 미덕

오직 맑기 때문에	惟其明故
거짓 없이 사물을 비춰 준다네	照物無僞
오직 공정하기 때문에	惟其公故
곱거나 추하거나 군말이 없다네	姸媸無異議

이남규李南珪 1855~1907, 「**감명**鑑銘」, 『**수당집**修堂集』

거울을 보는 가장 큰 목적은 자기 상태를 점검하기 위해서이다. 그러나 점검만을 위해서 거울을 보지는 않는다. 거울을 보다 보면 외모에 신경이 쓰이게 마련이다. 외모가 눈에 들어오기 시작하면 얼굴에 얼룩이 묻은 건 없는지 머리 모양이나 옷매무새는 바른지 점검하는 것은 오히려 부수적인 목적이 되고, 점점 내 외모가 보기 좋은지 어디가 어떻게 예쁘고 어디가 어떻게 부족한지를 살피는 것이 더 중요한 목적이 되어 간다.

사람이고 동물이고 간에 무언가를 '보는' 존재는 타자를 외모로 판단하는 경향이 있다. 안에 품고 있는 자질과 관계없이 준수한 외모를 가진 대상에게 끌려가는 반응을 보인다. 물론 절대미의 기준이란 없다. 그러나 보편미 정도는 있기 때문에 외모에 따라 인기가 쏠리는 현상이 발생한다. 잘하는 것 하나도 없고 고운 마음 씀씀이가 없어도 예쁘거나 잘 생겼으므로 열심히 노력하는 사람보다 훨씬 신나게 세상을 누리는 사람이 득실거린다. 억울한 일이다. 이런 외모 쏠림 현상은 2500여 년 전에도 사회의 문젯거리였다. 『논어』에 공자가 "축타처럼 언변이 좋거나 송조처럼 외모가 뛰어나지 않으면 인정받기 어려운 세상이 되었다.不有祝鮀之佞 而有宋朝之美 難乎免於今之世矣"라며 탄식하는 장면이 나오는 것을 보면 알 만하다.

오로지 자신의 외모를 비춰 보고 평가하기 위해 거울을 본다면 더 이상 맑은 거울은 필요 없을지도 모른다. 적나라하게 보이는 거울이 부담스러운 사람이 많을 테니 말이다. "거울아, 거울아! 이 세상에서 누가 제일 예쁘니?"라고 묻는 순간, 맑은 거울의 시대는 끝난다. 『백설공주』에 등장하는 마녀가 거울에게 이 질문을 던졌을 때, 거울의 정직한 대답은 피바람으로 이어졌다. 답은 정해져 있고 거울은 그것만 말해야 하는 것이다. 자신의 추함을 인정하지 않으려는 사람의 손에 들어간 거울은 왜곡을 시작해야 한다. 표면을 깨끗이 닦는 일을 멈추고 조금은 뿌연 거울이 되어야 한다. 그래야 잡티를 감추고 한결 나은 피부를 보여 줄 수 있다. 그리고 옷집에 있는 거울처럼 실제보다 홀쭉하게 비춰 주어야 한다. 그래야 어떤 옷을 입어도 언짢은 기분이 생기지 않게 할 수 있다.

맑은 거울이 필요한 이유는 정직하게 보고 스스로를 깨끗하게 유지하기 위해서이다. 그러나 얼룩을 털어 내는 것을 넘어서 있는 그대로의 자기 모습을 직시하기는 결코 쉬운 일이 아니다. 자기 안에는 고움도 추함도 모두 있기 때문이다. 어떤 사람은 자기 아름다움에 취해 자기의 추함을 무마하려 하고, 어떤 사람은 자기 추함에 질려 자기의 아름다운 부분마저도 추함으로 곡해한다. 그러나 기억해야 할 것은 거울이 비춰 보여 주는 것은 '이상적 나'가 아니라 '있는 그대로의, 지금의 나'라는 사실이다. 이상적 아름다움은 내 관점이 만들어 낸 것이지 거울이 제시한 것이 아니다. 있는 그대로의 모습에서 무엇이 문제인지 알려면 내가 가진 기준부터 고민해 봐야 한다. 물론 그것은 거울을 보는 즉시 나올 수 있는 답이 아니다. 그런데 우리는 거울이 그 답을 주는 도구인 양 장단점을 판단해서 뜯어고치려고 거울을 본다.

이제 먼저 맑은 거울 앞에 서서 거울이 거짓 없이 비춰 주는 나의 고움과 추함을 찬찬히 그리고 잠잠히 관찰해 볼 일이다. 거울에 비춰 세상의 더께를 씻어 내고 고움과 추함이 엉켜 빚어져 있는 유일무이한 '나'는 어떻게 생긴 사람인지 나를 나로써 받아들여 볼 일이다. 먼저 내가 나를 '나 자신'으로 받아들일 수 있어야 자랑할 고움도 고쳐야 할 추함도 세상에 쏠리지 않은 바른 기준으로 판단할 수 있을 것이다.

세숫대야에 얼굴 씻듯

얼굴을 하루라도 씻지 않는 이 있으랴만	面有一日而不頮者乎
그 마음속이 일생 내내 더럽다면	至於心而終身垢穢
작은 것을 살피면서 큰 것은 내버리며	小察而大遺
내면을 경시하고 외면을 중시함이니	輕內而重外
어허, 이는 대단히 잘못된 것 아니겠나	嗚呼多見其蔽也

김창협金昌協 1651~1708, 「**잡기명**雜器銘」 중 '**회분**頮盆', 『**농암집**農巖集』

이 명은 지은이 김창협이 49세 때인 1699년숙종25 6월 돌아가신 아버지의 지석誌石을 굽기 위해 경기도 광주의 도자기 가마에 가서 작업을 진행하는 틈틈이 도공들에게 밥그릇, 술 단지, 세숫대야, 등잔, 필통, 연적을 만들게 하고 각각의 그릇마다 새긴 글 중 하나이다. 그 여섯 개의 명 가운데 이 글은 '세숫대야'에 관한 것이다.

보이는 것에 치중하는 건 시력을 가진 이상 어쩔 수 없는 일이다. 내면은 볼 수도 없고 오래 겪고 나야 조금 알 수 있지만, 외면은 마주치는 순간 전체가 온통 눈에 들어온다. 그러니 아무리 신경 써서 주의해도 판단에는 외모가 주된 요소로 작용하게 마련이다. 비평가 말콤 글래드웰Malcolm Gladwell은, 사람들은 무언가를 처음 마주했을 때 눈을 깜빡이는 약 2초 동안에 좋다 싫다의 판단을 끝내는 경향이 있다는 '블링크 이론'을 말하기도 했다. 확실히 사람들은 첫인상에서 자유롭지 못하다. 물건을 사는 것도, 누군가를 사귀는 것도 일단 보는 찰나 선호도가 결정 난다. 그래서 자신을 드러내 보이고 관계를 맺게 될 때 사람들은 외모에 신경을 쓴다. 매일 아침에 세수하는 이유도 오로지 내 몸을 청결히 하기 위해서만은 아닐 것이다.

유사 이래 사람을 외모나 첫인상으로 판단해서는 안 되고, 자기 자신도 외면보다 내면을 가꾸도록 노력해야 한다고 경계하는 말이 항상 있어 왔지만, 여전히 외면을 기준으로 판단을 내릴 때가 많고, 내면보다는 외면을 가꾸는 데에 심혈을 기울일 때가 훨씬 많다. 사실 사람들의 판단이 외모에 치우치는 경향이 없었더라면 이런 교훈 자체가 생기지도 않았을 것이다. 그래서 세수는 세상을 살아갈 준비를 하는 데 기본 중의 기본이 된다. 타인과 더불어 살아가야 하는 우리는 매일 세숫대야에 얼굴을 파묻고 얼굴을 씻는다. 얼굴은 누군가를 만나기 전 신체 중 첫 번째로 단장하는 부위이다.

세수를 마치고 나면 화장을 한다. 얼굴이 깨끗해졌기 때문에 단장도 할 수 있게 된다. 그러나 시간이 흐르면 단장은 어느새 새로운 때로 변한다. 저녁이 되면 이것들을 씻어 내야 피부에 뾰루지가 나지 않는다. 나를 아름답게 해 주었던 것이 이제 지워야 내게 도움이 되는 묵은 때가 되고 만다. 마찬가지로 마음도 틈틈이 단장하고 지워 내야 한다. 공부도, 성취도, 깊은 사고도 시간이 흐르면 묵은 때로 바뀐다. 한 번 단장해서 칭찬받고 한 번 단장해서 성공하면 우리는 거기에 쉽게 빠져서 헤어나지 못한다. 지우고 새롭게 받아들이려 하지 않고 그것만 고집하게 되는 것이다. 그 순간 좋았던 모든 것이 이내 때로 변해 나를 지저분하고 너저분하게 만든다.

어찌 생각해 보면 세수는 참 번거로운 일이다. 한 번 씻은 효과가 고작 하루를 갈 뿐이다. 그래도 얼굴의 더러움은 눈에 보이는지라 귀찮아도 다 감수하고 우리는 대개 하루에 두 번씩 세수를 한다. 자고 일어나서 한 번, 하루 생활을 마치고 자기 전에 한 번. 마음을 하루에 두 번씩 돌아볼 수 있다면 어떨까? 내게 득이 되었던 것이라도 새롭게 닦아 두지 않으면 해가 될 때가 많은데, 우리는 너무 귀찮아서 한 번의 생각, 한 번의 독서, 한 번의 반성으로 몇 달, 심지어 몇 해를 버티려 한다. 매일 가꾸지 않으면 아름다움은 시간의 신비와 세상의 풍진에 뒤섞여 추함이 되어 버린다. 얼굴은 깨끗한 이가 마음은 묵은 때로 까매져 가는 것을 눈치채지 못하고 있다면, 아니 이미 묵은 때로 가득하다면 그것은 너무 안타까운 일이 아니겠는가!

파리를 쫓지 않는 파리채

휘저어 가게 할 뿐 쫓아갈 필요 없으니 麾之去勿往追
갔다가 다시 오면 다시 또 휘젓고 去復來斯復麾
휘저어도 가지 않으면 뭐 그냥 두어야지 麾不去亦已之

정약용丁若鏞 1762~1836, 「**승불명**蠅拂銘」, 『**다산시문집**茶山詩文集』

날씨가 따뜻하다 못해 더워지고 그렇게 여름이 오면 어디 있었는지 모를 날벌레가 주변을 붕붕 날아다니기 시작한다. 그중에서도 파리란 놈은 여간 귀찮지 않다. 멀리 있으면 많아지든 말든 상관하지 않을 텐데 그 녀석은 꼭 사람 주위를 날아다니며 존재감을 과시하는 탓에 살의殺意를 품게 만든다. 음식 있는 곳을 귀신같이 알아서 먹을 것만 나타나면 내가 손대기도 전에 날름 맛을 보겠다고 뛰어드는 버릇없음은 특히 참을 수 없다. 결국 파리채를 손에 쥐고야 만다. 오늘날 우리나라 사람은 대개 아파트나 공동 주택에 살고, 건물 전체를 소독하는 시스템을 가지고 있기 때문에 여름이 되어도 집 안에는 초파리 정도가 있을 뿐 쉬파리같이 큰 파리는 없다. 그러나 조선 시대 가옥은 모든 곳이 통으로 열린 구조에 별다른 소독 체계도 없었으니 여름만 되면 파리들 등쌀에 고생이 이만저만이 아니었을 것이다.

대학자 정약용이라고 해서 여름이면 파리채를 들고 귀찮은 파리를 상대해야 하는 수고에서 벗어날 수 있는 것은 아니었던 모양이다. 그렇긴 해도 이 명에서는 뜻밖에 여유로운 풍경을 느낄 수 있다. 파리가 달려들거든 파리채를 휘휘 저어 쫓아 버리면 그만이지 기를 쓰고 잡을 필요는 없고, 심지어 용기 있는 파리가 파리채를 휘저어도 주변에서 떠나지 않거든 그냥 두면 그뿐이란다. 이렇게 여유 있는 마음이라니……. 사실 여름은 덥고 날벌레로 귀찮기는 해도 괜찮은 계절이다. 이런저런 먹거리가 풍성하고, 가난해서 주거지가 변변찮은 사람도 얼어 죽을 걱정 없이 밤을 지낼 수 있다. 어차피 여름과 함께 오는 날벌레에 마음 쓰고 기를 써 봤자 계절이 바뀔 때까지 그것과의 '동거'는 피할 수 없는 조건이다. 좋은 것이 오면 귀찮은 것도 함께 오기 마련이려니 하고 받아들이는 쪽이 한결 마음 편할 수도 있다.

우리네 인생도 이와 별반 다르지 않다. 좋은 일이 오면 그와 함께 귀찮고 곤욕스러운 것도 따라붙는다. 지은이 정약용의 삶도 마찬가지였다. 자신의 재능을 알아봐 주는 군주를 만나 재능을 펼칠 기회를 얻고 노성해지나 싶었는데, 사람들의 시기와 질투도 함께 왔다. 앵앵거리며 바싹 뒤따르는 그들의 공격은 집요하기 이를 데 없었다. 결국 그의 관직 생활은 맺은 열매가 여무는 가을을 맞이하지 못한 채 유배로 끝나고 말았다. 기어이 자신을 신원해 내고 다시 복귀하기를 꿈꾸지 않았다면 거짓말일 것이다. 그러나 끝끝내 쫓아가 파리 몇 마리 죽인다고 파리가 사라지지 않는 것처럼 아무리 애를 써서 신원해도 자신을 공격하기로 마음먹은 자들의 기세는 조금도 수그러들지 않았다.

파리를 쫓거나 없애느라 힘쓰느니 차라리 정약용은 풍성한 여름을 누리기로 하였다. 그가 유배 생활 하는 동안 이룬 학문적 성과는 그때까지 아무도 이루지 못한 넓이와 깊이를 자랑한다. 그는 말 그대로 전방위적 지식인이었다. 경학經學과 예학禮學부터 지방 행정, 교육, 역사, 공학, 지리학, 의학, 법학, 국어학, 그리고 문학 비평에 이르기까지 손대지 않은 분야가 없다고 해도 과언이 아닐 정도였다. 여름은 무르익는 계절이다. 그래서 여름에는 파리 몇 마리 죽이는 것보다 훨씬 중요한 일이 수두룩하다. 여름을 보람차게 보내야 가을에 풍성한 수확을 기약할 수 있다. 정약용이 여름 내내 파리를 쫓는 대신 선택한 노력의 결실이 오늘날에도 찬란하게 빛나고 있다. 그토록 귀찮게 하고 괴롭히던 파리들은 어느새 자취도 사라지고 보이지 않는다. 여름을 이해하는 방식이 우리의 가을을 다르게 빚어낼 것이다.

쇠불이로 변한 이불

수놓은 비단은 아름답건만	紋繡之質之美也
너는 칙칙하고	而汝則闇也
여우나 담비 가죽은 가볍건만	狐貉之材之輕也
너는 뻣뻣하며	而汝則勍也
솜을 둔 이불은 포근하건만	綿纊之功之溫也
너는 차갑다네	而汝則寒也
이러니 사람들이 너를 쇠라고 부를 수밖에	宜夫人之以鐵呼汝也
아, 이분이 마음을 쇠같이 굳게 먹고	噫非斯人之鐵其心

너를 부끄러워하지 않았으니 망정이지 而不愧汝
아니었으면 너 누구와 더불어 지냈겠느냐 汝將誰與

이남규李南珪 1855~1907, 「철금명鐵衾銘」, 『수당집修堂集』

이 명에 나오는 이불은 정말 '쇠'로 만든 '쇠 이불'이 아니다. 여느 이불처럼 베로 만들었지만 수십 년을 계속 덮었기 때문에 낡고 헐어서 뻣뻣하고 시꺼먼 모습이 마치 쇠로 만든 것 같다고 놀림조로 붙인 이름이다. 지은이 이남규가 짧은 서문에서 밝혀 놓은 사연을 보면, 이 쇠 이불의 주인은 고종 때 홍문관 교리를 지냈던 이명구李命九이다. 어느 날 그가 사국史局에 숙직하러 들어갈 때도 어김없이 이 이불을 가져갔고, 그곳에 함께 있던 사람이 보고서 속으로 '뭐? 이게 이불이라고? 이런 걸 덮고 잔단 말이야.' 생각하며 비웃음을 섞어 농을 던졌다.

"이건 쇠붙이로 만든 이불인가? 뭐가 이리 거무데데하고 무거워?"

이명구가 빙긋 웃으며 기가 막히게 받아친다.

"쇠처럼 무겁고 거무데데하다는 것만 알고 쇠보다 훨씬 차다는 건 모르는구먼!"

지은이는 나중에 이 이야기를 전해 듣고 그의 검소함에 감명받아 이 명을 써서 남겼다고 한다.

이명구가 그저 가난해서 이불 하나를 그렇게 오래 덮었던 것 같지는 않다. 부정과 부패로 관직에 나아갈 길이 좁아질 대로 좁아진 조선 말기에 별것 아닌 자리도 아니고 무려 홍문관에서 벼슬한 인물인데, 이불 한 채 바꿀 능력이 없었을 리 만무하다. 그가 수십 년 동안 덮고 잔, 낡고 누추하고 무거운 이불은 좋고 화려한 것에 익숙해질 때마다 스스로를 반성하게 하는 죽비 같은 것이 아니었을까?

가진 것이 없어 검소할 수밖에 없는 사람의 검소는 미덕이랄 수 없다. 그러나 가진 자의 검소함은 최소한의 결여나마 경험할 수 있게 해 준다. 따뜻하고 보드랍고 가벼운 이불로 얼마든지 편안히 잘 수 있는데도 거무데데하고 무겁고 차가운 오래된 베 이불을 덮고 늘 불편한 잠을 자면서 그는 이불조차 덮지 못하는 가난한 백성의 고단한 삶을 조금이나마 느끼고 생각할 수 있었을 것이다. 그의 낡은 이불을 보고 비웃는 게 아니라 스스로 각성하는 관리가 더 많았다면 조선의 마지막이 조금은 덜 비참하지 않았을까? 관리들의 이불이 따스해져 가는 동안, 나라는 백성들에게 누추하고 무겁고 덮어도 덮어도 냉기가 도는 쓸모없는 낡은 이불이 되어 버렸다. 글이 끝나는 자리, 쇠 이불을 덮은 양 마음이 시려 온다.

손톱 발톱 모은 뜻은

사람에게는 기혈이 있으니	人有氣血
영양을 고루 갖추어 주면	滋養具備
근골이 날마다 자라나서	筋骨日長
어른이 되면 그 성장을 멈추지	至壯便止
수염과 머리털은 무성해졌다가도	鬚髮旣繁
늙으면 쇠하여 빠지는데	老則衰墜
손과 발에서 자라는 손톱과 발톱은	手足爪甲
그 생장이 유독 특이하니	其長獨異

살아 있는 동안 함께 자라서	與生俱生
죽기 전에는 멈추지 않는다네	未死不已
예서에 이르기를, 잘라 낸 손발톱을	禮云蚤鬋
죽을 때 함께 가지고 간다 하니	攜歸入地
증자가 자신의 손과 발을 보라던 말이	曾氏啓予
바로 이것과 같은 뜻이라네	與此同義
옛날 내가 아직 어렸을 때에는	昔我年少
이것을 간수할 줄 몰랐었는데	未解藏置
처음으로 간수할 줄 알게 된 것은	惟其藏置
중년에 들어서면서부터였지	自中歲始
지금 모두 모아서 살펴보니	合以觀之
손아귀 한가득 두 줌이나 되는데	滿握者二
그동안 참 오래도 살았다는 게	年數支離
이걸 보고 있자니 감이 오누나	較斯可揣
각각 담아 봉하여 표시해 두고	各成封識
후손들에게 남겨 주노니	留付後嗣
남긴 머리카락으로는 베개를 대신하고	遺髮代枕
오른쪽 곁에 이것을 넣어 두어	右旁塡此
이것들로 내 관을 채워 준다면	用作棺實
나 죽어서도 유감이 없으리라	無憾已矣

이익李瀷 1681~1763, 「**조갑명**爪甲銘」, 『**성호전집**星湖全集』

어렸을 때부터 손톱과 발톱을 자르는 족족 모아서 보관해 두었다가 죽을 때 관에 함께 묻는 것은 지금 보면 꽤 낯선 풍속이다. 『가례家禮』「상례喪禮」편을 보면, 대렴大斂을 할 때 생전에 빠진 머리카락과 치아, 잘라 낸 손발톱을 관 모서리에 채운다는 내용이 나온다. 자기 몸에서 떨어져 나오는 것은 하나도 버리지 않고 모아 두었다가 육신이 흙으로 돌아갈 때 함께 가지고 가는 것이다. 부모로부터 받은 신체를 최대한 온전히 해서 돌아가는 뜻이 담겨 있다.

증자는 공자의 제자 증삼曾參을 가리키는데, 효孝를 강조한 것으로 유명한 인물이다. 그는 죽음을 맞이하는 순간에 제자들에게 "이불을 걷고서 내 발을 살펴보고 내 손을 살펴보아라. 『시경詩經』에 이르기를 '두려워하고 삼가서 깊은 못에 임한 듯이 하며, 얇은 얼음을 밟듯이 하라.' 하였는데, 이제야 부모님이 주신 몸을 상하지 않게 되었음을 알겠다, 제자들아! 啓予足 啓予手 詩云 戰戰兢兢 如臨深淵 如履薄氷 而今而後 吾知免夫 小子"라고 말했다. 자신이 부모에게 받은 몸을 평생토록 얼마나 소중히 잘 간수해 왔는지를 제자들 눈으로 확인하게 해 준 것이다.

지은이 이익은 여든이 넘게 살았으니 굉장히 장수한 셈이다. 그가 중년 이후부터 모아 온 손발톱을 꺼내 놓고 보니 두 줌이나 되었다. 머리와 수염은 나이가 들면 빠져 듬성듬성해지지만 손발톱만은 평생 성장을 멈추지 않는다. 부단히 자라 상자를 가득 채운 손발톱을 보며 백발이 성성한 노인은 깊은 감회에 젖어 들었을 것이다. '이렇게나 멈추지도 않고 인생을 달려 나는 무엇을 이루었나. 돌아보면 눈 한 번 깜짝한 것처럼 짧은 일생 동안 쌓은 손발톱만 해도 이만큼인데, 세상에 나도 모르게 남긴 흔적은 이것저것 얼마나 될까? 부디 그것들 모두 해가 되는 것보다 득이 되는 것이 많아야 할 텐데…….' 노년을 정리하는 모습이 참으로 단정하다. 손발톱과 머리카락을 모아 두었을 뿐만 아니라 이렇게 관련한 명까지 짓는 마음에서 자신의 삶을 책임감 있게 살아 내기 위해 작은 것 하나도 허투루 넘기지 않았던 꼿꼿한 선비의 자세를 읽는다.

덕과 의로 가는 신발

권세가의 문은 불과 같아 權門如火
밟으면 곧 불에 타고 蹈之則熱
벼슬길은 바다와 같아 宦道如海
뛰어들면 곧 가라앉는다 履之則沒
오직 덕과 의로 나아갈 뿐 惟德惟義
신중히 해서 넘어지지 말라 愼勿顚越

성현成俔 1439~1504, 「**기명십수**器銘十首」 중 '구屨', 『**허백당집**虛白堂集』

마음이 설렐 만큼 좋은 일이 있으면 우리는 그날을 위한 새것을 준비하곤 한다. 첫 등교, 첫 출근, 첫 데이트, 그에 맞는 새 옷, 새 가방, 그리고 새 신발. 그날이 닥쳐 얼굴과 머리 손질을 마치고 새 옷을 입고 마지막으로 새 신발을 꺼내 신는다. 새 신발이 닿는 모든 길마다 새로운 길이 될 것 같은 기분이다. 아마 이 명은 아버지가 아들의 첫 출근 기념으로 신을 선물하며 함께 주었던 글이 아닐까.

죽을힘을 다해 공부해서 과거를 보고 합격하면 관직 생활의 길이 열린다. 조선에서 출세하는 길은 과거에 급제하는 것 하나뿐이었다. 급제 정원인 33명 중에서 3등 안에 들면 앞날은 탄탄대로였다. 그러나 높은 관직을 지내며 그 자리에서 세상이 얼마나 부패했는지, 또 젊고 패기 넘치던 청년이 어떻게 망가져 가는지를 지켜보았던 아버지는 아들의 첫 출근이 기쁘면서도 한편으로 걱정스러운 생각도 들었을 것이다. 높은 자리의 관료들이 자기편으로 끌어당기려 손을 내밀 텐데, 그들의 욕망에 아들의 야심이 반응한다면 결과는 불을 보듯 뻔하기 때문이다. 관직 자체가 아니라 아들이 걸어가는 방향이 그의 미래를 결정할 것이었다.

우리는 '줄'을 잘 서야 한다는 말을 종종 듣곤 한다. 힘 있는 자 아래 기꺼이 소속되는 것을 이른바 줄을 선다고 한다. 힘 있는 자가 힘을 잃지 않으면 자기에게도 고물이 떨어질 기회가 찾아온다. 서로 끼리끼리 밀어주고 끌어 준다. 그러나 줄이란 것은 이익을 그냥 내주지 않는다. 줄에 세워 주는 순간 그 대가로 자아를 가져간다. 패거리에 가담했으니 패거리가 옳다면 옳고 패거리가 그르다면 그를 뿐, 나의 생각과 판단은 필요하지 않고 있어서도 안 된다. 따라서 패거리가 흥하면 나도 흥하고 패거리가 망하면 나도 망한다. 세력과 세력이 충돌하는 권력 다툼의 불이 타오르는 사이 모든 자아는 소멸되어 버린다.

하지만 첫 출근을 하고 내 책상을 갖게 되면 그 순간부터 승진을 꿈꾸는 것도 사실이다. 물론 청년은 야심만만해야 멋지다. 청춘이 패기 없이 현실에 안주한다면 그것도 참 못난 모습이다. 다만 야심에는 자제력이 필요하다. 자제력을 잃으면 세상이라는 바다에서 자아는 끝없이 가라앉고 만다. 겉에서 보는 바다는 그저 까만 비단 같아서 어쩌면 걸을 수도 있을 것 같다. 최소한 설마 죽을까 싶다. 그러나 뛰어들면 빠지고, 일단 빠지면 살아날 확률은 제로에 가깝다. 출셋길도 처음 발을 디딜 때는 그 아래서 충돌하고 있는 인간 욕망의 심연이 보이지 않는다. 내가 활개 쳐도 큰 무리 없을 것 같고, 나를 받아 줄 것만 같다. 그러나 신중을 기하지 않고 바다의 유혹에 답하는 순간 남은 것은 침몰뿐이다.

오직 내가 쌓은 내면의 가치와 마땅히 그래야 하는 정의를 돌아볼 일이다. 야심과 패기는 건강한 나의 내면이 뒷받침해 줄 때 최고로 발현될 수 있다. 첫 출근하는 날 새 신을 신을 때, 그리고 날마다 신을 신고 사회생활 속으로 나아갈 때, 덕과 의라는 소중한 가치를 되새겨 보는 것을 잊지 않는다면 혼란한 세상에서 넘어지지 않고 멋지게 그 사이를 헤치며 걸어갈 수 있지 않을까?

맨 아래를 마다 않는 요의 덕

솜을 가득 채워 넣어	充以枲著
겨울 추위 막아 내네	以禦冬寒
비록 맨 밑에 깔려 있지만	雖最在下
그 공로 비길 데 없도다	功莫與扳

송시열宋時烈 1607~1689, 「**칠물명**七物銘」 중 '**욕**褥', 『**송자대전**宋子大全』

이 명은 송시열이 홍석에게 지어 준 글로, 앞서 본 「근묵자흑, 그러나……」와 함께 쓴 일곱 개의 명 가운데 하나이다. 「근묵자흑, 그러나……」에서는 먹을 주제로 다루었고, 여기서는 깔고 자는 요에서 배울 점을 찾았다. 조선 시대의 난방은, 지금처럼 보일러가 있어 원하는 온도를 설정해 놓고 잠자리에 들면 자는 내내 신경 쓰지 않아도 따뜻할 수 있는 시스템이 아니었다. 저녁에 군불을 열심히 때어 두어도 새벽녘이면 방의 열기는 온데간데없이 사라지게 마련이었다. 그때 냉골이 된 방에서 체온을 지켜 주는 역할을 바로 두툼한 '요'가 맡았다.

요가 없으면 아래로부터 올라오는 냉기를 막아 낼 길이 없다. 요는 가장 아래에 깔려 바닥의 딱딱함과 추위를 직접 감당하면서 사람과 공간을 보호해 주는 겸손하고 용감한 침구이다. 이런 요의 덕을 곱씹어 보자니 노자老子가 말한 물의 덕이 떠오른다. 노자는 최고의 선은 물과 같다上善若水며 물을 극찬했다. "물은 만물을 이롭게 하면서도 스스로 내세워 다투지 않고, 뭇사람이 싫어하는 낮은 곳에 처한다. 그렇기 때문에 도에 가깝다.水善利萬物而不爭 處衆人之所惡 故幾於道" 노자는 물이 낮은 데로 흐르는 점을 매우 높이 샀던 것이다.

그러나 사람은 대부분 낮은 곳을 싫어한다. 높이 올라가 대접을 받으며 사는 것이 성공한 삶이고, 보잘것없는 위치에서 가난하게 사는 것은 실패한 인생이라고 생각하게 마련이다. 공부하는 목적도 높은 지위를 차지하기 위해서인 경우가 절대다수이다. 어떤 어머니가 어린 자녀를 데리고 길을 가다가 청소부를 보게 되자, 자기 자녀에게 "너도 공부 안 하면 저 아저씨처럼 되는 거야."라고 말했다는 웃지 못할 이야기가 있다. 우리는 사회를 피라미드 모양으로 그려 놓고 나서 그 모양을 추호도 의심하지 않은 채 그 꼭대기에 올라가기 위해 한평생을 불태운다. 사람들이 모여 사는 곳에는 다양한 수요가 있고 그에 따라 역할이 다양할 뿐인데, 사회를 위와 아래, 그리고 그에 따른 지배와 피지배의 개념으로 설정해 놓으니, 위에 있다고 '생각하는' 사람이 아래 있다고 '생각하는' 사람을 함부로 대해도 좋다고 '생각하는' 것이다. 그러나 청소부 없는 세상을 상상해 보았는가? 명절에 그분들이 며칠만 쉬어도 거리는 쓰레기로 넘친다. 재벌이 없는 세상에서는 살 수 있지만 위생을 담당해 주는 이들이 없는 세상에서는 며칠도 넘기기 힘들다.

위와 아래가 있는 것이 아니라 함께 살기 위해 다양한 분야를 각각 다르게 맡고 있을 뿐이고, 각각의 분야는 모두 절대적으로 중요하다. 경중을 매길 수 있는 성질이 결코 아니다. 우리는 모두 동등한 인간으로서 각자의 자리에서 서로 다른 역할을 맡아 하면서 우리가 만든 사회를 구멍 나거나 이지러지지 않게 운영해 가고 있다. 낮게 깔린 요가 없다면 그 아무리 멋진 자재를 쓴 집이라도 냉기를 감당할 수 없고 등이 배기는 것을 막을 수 없다. 낮은 데에 있는 것이 부끄러운 게 아니라 높은 데에서 자기 맡은 역할도 제대로 완수하지 못하면서 위아래를 들먹이는 것이 진짜 부끄러운 것인 줄을 알 일이다.

베개 베고 누워서

안일이란 곤경을 맞닥뜨리는 근본이고	安逸者危困之根
사념이란 재앙을 불러들이는 원천이라	思念者禍菑之源
꿈속에서 옛 성철을 보았으니	夢見古聖哲
네 정신 어둡지 않음을 알겠구나	知汝神不昏

정약용 丁若鏞 1762~1836, 「**침명** 枕銘」, 『**다산시문집** 茶山詩文集』

게으름은 언제나 인류의 주적이었다. 유가의 학자도 불가의 승려도 곡식을 가꾸는 농사꾼도 늘 잠을 경계하고, 언제나 '각성'할 것을 촉구했다. 그도 그럴 것이 옛날에는 지금보다 훨씬 잠을 많이 잘 수밖에 없는 환경이었기 때문이다. 지금은 과학과 산업의 발달로 전기가 곳곳마다 공급돼서 필요하다면 밤이 맞도록 훤히 불을 켜 놓고 밤새 일할 수 있지만, 자연광에 의존해서 살아야 했던 예전에는 아침잠 때문에 때를 놓치면 하루가 재빨리 가 버렸을 것이다. 아침형 인간이 되어야만 하루에 해야 할 일을 하루 안에 끝마칠 수 있는 여건이었다.

지은이 정약용에게도 부지런함은 역시 중요한 덕목이었다. 유배지에서 아들들에게 보낸 편지에서마저 "내가 굶어 죽은 사람들을 보니 게으른 사람이 대부분이었다. 하늘은 게으른 사람을 미워해서 벌을 내린다."라면서 부지런함을 강조하고 있다. 물론 그의 처지에서는 부지런함이 절대 필요한 생활 자세이기도 하였다. 일단 죄를 지은 집안으로 폐족廢族이 되었으니, 부지런히 일하고 절약하지 않는다면 생활을 감당할 수 없었다. 그리고 공부를 손에서 놓지 말고 부지런히 학문에 힘써서 자신도 자식도 죄를 입지 않은 가문의 인재보다 훨씬 더 넓고 깊고 탁월하게 준비가 되어 있어야 했다. 기회 자체도 그들보다 훨씬 적게 올 것이고, 어디에서 어떻게 올지 모르는데, 게으름에 몸을 맡겨 준비가 소홀해졌다가 놓치기라도 하면 다음 기회를 기약할 수 없는 형편이기 때문이었다.

그는 때로 베개를 베고 누워 '휴우' 숨을 내쉬며 열심히 달렸던 하루를 정리하고 잠을 청하다가도 문득문득 안일에 빠졌다가 어렵사리 온 기회마저 놓치고 위기를 겪게 되면 어쩌나 하는 걱정에 시달리곤 했을 것이다. 또 쉬이 잠들지 못하는 밤, 불을 끄고 캄캄한 어둠 속에 홀로 가만히 누워 있다 보면 온갖 상념이 몰려오다가 쓸데없는 분노나 불안, 혹은 걱정으로 잠을 설치는 일도 있었을 것이다. 그러나 이성보다 감성이 주재하는 밤 시간의 상념은 대체로 건설적이기보다 자신을 좀먹고 상황을 왜곡시켜 망치기 쉬우니 거기에 흔들려 휩쓸리지 말아야 함도 잘 알았을 것이다.

부지런히 낮 시간을 보내고 잠든 어느 날 밤, 꿈속에서 옛 훌륭한 선인先人을 만났다. 아마도 공자였겠지. 공자가 꿈속에서 주공周公을 만나 뵈며 나라의 질서와 문화를 회복시키는 꿈을 키워 갔듯 정약용도 늘 나라를 바로 세우는 동량棟梁이 되는 꿈을 꾸었으니 말이다. 공자는 나이 들고 더 이상 정치에 참여할 기회가 없을 것임을 절감했을 때, 꿈에 더 이상 주공이 나타나지 않는다 말하며 슬퍼했다. 그런데 정약용은 꿈에서 성철聖哲을 만나고 있다. 꿈이 아직 스러지지 않았다는 반증이다. 잠에서 깨어 베개를 쓰다듬으며 휴식이 아직 자기에게 안일도 사념도 아님을 기뻐했다. 그러나 조선의 주공이 되는 정약용의 꿈은

날개도 제대로 펼쳐 보지 못한 채 든든한 후원자였던 정조의 죽음과 함께 허공으로 흩어지고 말았다.

베개 하나도 허투루 바라보지 않았던 이의 치열한 삶을 멀찌감치 떨어져서 바라본다. 꿈을 가졌던 사람이 남긴 기록은 그래서 아름답고 아리고 슬프다.

종이 이불로 염습하리

종이로 이불을 삼는 것은	維紙爲衾
사마광의 명과 시에 실려 있고	馬公銘詩
종이 이불로 염습殮襲하는 것은	周身庀斂
누군가 말한 바 있지	人或謂之
하찮은 물건이 귀중하게 사용되었으니	物薄用重
가난한 집에 아주 제격이라	貧室愜宜
나는 이것을 따를 터이니	我則遵焉
자손들은 잘 알아 두도록 하라	後嗣攸知

이익李瀷 1681~1763, 「**지피명**紙被銘」, 『**성호전집**星湖全集』

이 명은 지은이 이익의 문집인 『성호전집』에도 보이고, 이익이 제자 안정복安鼎福에게 답한 편지에도 들어 있다. 그가 이 명을 답장에 함께 넣어 보낸 건 75세 때인 1755년영조31의 일이었다. 그 편지의 내용은 안정복이 우리나라 역사서를 편찬하는 일에 관한 것이 주를 이루지만, 더불어 당시의 사치스러워지는 풍속을 걱정하는 것도 적지 않은 비중을 차지한다. 재물이 나올 곳도 없는 사람들이 모든 일을 높은 벼슬아치처럼 하려고 기를 쓰니 결국 집안을 망치는 데에 이르게 될 게 뻔하다 적고 있는 걸 보면, 당시에도 보여 주기 식의 예禮가 판을 쳤던 모양이다. 이익이 생각하는 올바른 예란 형편에 맞게 하는 것이었다. 장례를 예로 들면서 재물이 없으면 외관外棺을 생략해도 되는데 더구나 당시에 염을 목면포木綿布로 하던 습속은 딱히 근거도 없으니 관렴棺斂할 때에 쓰이는 물건은 종이로 대신해야 한다고 말했다. 그러고는 그 아래에 이 명을 덧붙여 두었다.

사마광司馬光은 송나라 재상으로, 『자치통감資治通鑑』이라는 역사서를 편찬한 인물이다. 그가 종이 이불을 소재로 삼아 지은 명銘이나 시詩가 보이지 않는 것으로 보아 혹시 「사마온공포금명司馬溫公布衾銘」이란 글에 나오는 베 이불을 이익이 종이 이불로 착각하였던 것이 아닌가 싶다. 사마광은 베 이불 한 채를 매우 좋아하여 아꼈고, 늙어 병이 깊어지자 그것으로 염하라는 유언을 남겼다고 한다.

사마광의 이야기 바로 다음에 나오는 '종이 이불로 염습하는 것은 누군가 말한 바 있지'라는 구절에서 '누군가'는 우계牛溪 성혼成渾을 가리킨다. 안정복에게 쓴 답장과 규장각한국학연구원에 소장되어 있는 『성호전서』에는 이 구절이 '우옹牛翁이 명한 것이라네牛翁命之'라고 되어 있기 때문이다. 실제로 성혼은 자손들에게 "삼베옷을 입히고 종이 이불로 염하여 소달구지에 싣고 고향에 돌아가 장사 지내서 나의 뜻을 어기지 말도록 하라."라는 유언을 남겼다.

이익에게 가난은 부끄러운 일이 아니었다. 오히려 가난을 애써 가장하려고 하는 것이 부끄러운 일이었다. 안정복에게 쓴 편지에서 이익은 다음과 같이 말한다. "가난은 선비의 일상입니다. 부모가 살아 계실 때에 봉양을 마음껏 다하지 못하는 것은 부모가 금하기 때문입니다. 그런데 부모가 돌아가셨을 때에 기어이 장사를 성대히 치르며 많은 비용을 쓰고는 생계를 걱정하니, 어찌 돌아가신 이가 괴로워하면서도 말할 수 없는 바가 아니겠습니까." 참으로 그렇다. 장례는 예에 따라 정성스럽게 치르는 것이 최선이다. 넉넉하지 않은 살림살이에서 장례 비용 때문에 산 자의 삶이 휘청거린다면 어떤 부모가 그 장례를 기쁘게 받겠는가. 죽은 사람은 말이 없기 때문에 그 어떤 손사래도 치지 못할 뿐이다.

이익의 검소함은 현실적이고 실용적이었다. 남들 눈에 어떻게 보이든 자기 자신의 능력과 집안의 경제적 형편에 알맞게 살림을 꾸리는 것이 옳다고 보았다. 체면을 중요하게 여기는 문화 속에서 갖기 어려운 소신이다. 누가 뭐라든 나의 힘을 먼저 살피고 그에 맞춰 사는 삶을 부끄러워하지 않는 떳떳함, 이는 유행에 휩쓸려 '나'를 찾지 못하고 살아가는 오늘의 우리가 한번쯤 진지하게 고민하고 받아들여 보아야 할 삶의 자세이리라.

2.

옛글 옛사람, 풍류

연주 없는

악기 소리에,

줄 없는

거문고 소리에

마음을

열어 보면 어떨까?

쓰레받기 쓰는 예법

어른 계신 자리에서 비질할 때는	以帚以袂
소매로 가리고서 쓸어 담아야 하니	拘而投之
대수롭지 않은 예절이라 깔보지 말고	毋曰疏節
부지런히 힘써서 익혀야 하리	俛焉習之

윤기 尹愭 1741~1826, 「지기명 紙箕銘」, 『무명자집 無名子集』

조선 시대의 교육과정은 크게 소학小學과 대학大學으로 나눌 수 있다. 어린 시절에 윤리의 대강과 생활 자세에 대해 배우는 것이 소학이고, 본격적으로 학문의 세계에 들어가 탐구하는 것이 대학이다. 소학을 축약해서 한마디로 말한다면 '쇄소응대진퇴지절灑掃應對進退之節'이라고 할 수 있다. 마당에 물 뿌리고 비질하고 어른의 부름에 어떻게 응대하고 어떻게 나아가고 물러나는지에 관한 예절이란 뜻이다. 그러니까 소학은 글자를 배우고 수의 개념을 익히는 초급 과정이 아니라 일상생활의 예절을 몸에 익히는 심화 과정인 것이다.

이 명은 그 소학 과정 중의 하나인 청소하는 방법에 대해 다루고 있다. 어린이에게 종이로 쓰레받기를 만들어 주고서 청소를 어떻게 해야 하는지 일러 주고 있다. 예禮에 대한 주석서인 『예기禮記』「곡례曲禮」 상편에 "어른이 계신 자리를 청소할 때는 반드시 빗자루를 쓰레받기 위에 올려서 들고 가야 하고, 비질할 때는 소매로 에둘러 막고서 뒷걸음질 치며 쓸어 담아서 먼지가 어른에게 날리지 않게 해야 한다.凡爲長者糞之禮 必加帚於箕上 以袂拘而退 其塵不及長者"라는 말이 나온다. 이 내용을 처음 읽었을 때는 받아들이기 어려웠다. '어른'이 먼저 눈에 들어왔기 때문이다. 아이에게 너무한 게 아닌가 싶었다. 그러나 '어른'을 지우고 읽어 보니 오늘날에도 유용한 가르침이겠다는 생각이 들었다. 요즘 청소하는 자세에 대해 이렇게 세세하게 가르치는 부모가 있을까 싶다. 비질을 하지 않고 전기 청소기를 사용하기 때문만은 아닐 것이다. 청소를 제대로 하는 법을 가르쳐야 아이는 자기 주변을 스스로 정리할 수 있고, 다른 사람과 함께 있는 상황에서 어떤 동선으로 움직이며 청소해야 함께 있는 사람을 배려할 수 있는지 생각할 수 있다.

오늘날 우리의 교육은 생활과 학문을 별개의 것으로 나눈다. 그래서 공부하는 자녀나 어떤 종류든 입시를 준비하는 학생에게는 빨래, 청소, 설거지 같은 집안일을 면제해 준다. 이런 건 공부에 비할 바 없이 별것 아닌 일이라 생각하기 때문이다. 그러나 한 사람이 생활도 하고 공부도 하는 것인데 둘을 분리할 수 있을까? 신체가 일에 따라 둘로 나뉜다면 모르겠지만 하나의 신체, 하나의 두뇌로 생활도 하고 공부도 하며, 그렇게 사람도 만나고 사회생활도 하는데, 생활도 순서 잡아 정리할 줄 모르는 사람이 공부는 효율적으로 할 수 있을까? 일상생활에서 타인을 배려할 줄 모르는 사람이 공부에서는 타자와 사회를 고려하는 방향을 강구할 수 있을까?

'예절'이라고 말하면 딱딱하고 고루하기 그지없게 느껴진다. 괜한 겉치레이고 사람을 억누르는 구시대의 잔재 같기도 하다. 그러나 '예'는 인간을 굴레 씌우기 위해 만들어 낸 억압 도구가 아니라 함께 모여 사는 사회에서 서로 더불어 조화롭게 지내기 위해 만든 규범과 질서이다. 다만 예전의 예가 수직적 사회에서 고안된 것이라는 문제가 있으니, 오늘날 사회에서는 수평적으로 새롭게 바꾸고 조절할 필요가 있을 뿐이다. 이렇게 예의 기본 정신을 정립하고 나면 하부 항목의 실천 지침들로 '예절'이 마련된다. 그래서 예절을 피곤하지 않게 익히려면 공동체라는 전체를 볼 수 있는 눈을 길러야 한다. 청소하는 데도 예절이 필요하다. 대수롭지 않은 일이 몸에 익어 가는 과정에서 세상과 관계 맺는 자세와 방법이 결정되기 때문이다. 공부와 생활은 별개가 아니다. 이제 우리의 교육이 다시 생활을 눈여겨보아야 할 시점이 된 것이다.

호미에게 배우나니

천지의 순수하고 강한 정기가 惟天地純剛之正氣
사물에 모이기도 하니 或鍾於物
저 금성이 형주의 들에 정수를 모아 伊太白聚精於荊野
펄펄 끓는 쇳물이 재질을 이루자 躍冶成質
쇠도끼 만들어 간신의 머리를 베고 爲鐵鉞以斬佞臣
칼과 창을 만들어 강도를 처벌했네 鑄劍戟以誅暴客
호미 또한 김을 매는 이로운 도구이니 鋤亦爲薅草之利器
농사에 공을 인정받아 공신이 되었네 策勳田作

가라지 미워함은 벼 이삭 어지럽힐까 두려워서니 惡莠恐其亂苗
둘을 구별하는 데에 힘을 쏟아야 하리 盡力於區別
잡초는 뿌리를 뽑지 않으면 다시 자라나니 草不去根則復生
악을 제거하여 근본에 힘써야 하네 務本於除惡
응당 싹이 돋아날 때 명줄을 끊어 놓아야 하니 當折於句萌
일단 덩굴이 뻗어 나면 힘쓰기 쉽지 않거니와 蔓則未易爲力
호미의 끝을 돌려 거꾸로 김을 매면 反鋒而倒施
곡식이 없어지게 되리라 越其罔有黍稷
사물의 이치는 모든 경우에 일정하지 않아서 物理兮靡常
난초는 잘 꽃 피지 않고 가시는 뽑기 어려우니 蘭不榮而荊難拔
저 재주 없는 농장의 일꾼은 彼哉賤場師
오동나무와 가래나무를 뽑고 가시나무를 기르지 去梧檟而養樲棘
사악과 바름이 예로부터 성쇠를 반복하는 것은 邪正之自古消長
바른 이치로 뽑아내고 길러 내지 않아서라네 理不拜育
곡식을 어지럽히는 가라지 빨리 없애지 않으면 不早去似是之亂眞
재앙이 집안과 나라에 뻗어 갈 것이니 禍延家國
자루를 어떻게 사용할지 신중히 해서 愼爾柄用
심은 것은 길러 주고 아닌 것은 엎어 버리게나 栽者培而傾者覆

황준량黃俊良 1517~1563, 「**서명**鋤銘」, 『**금계집**錦溪集』

철이 발견된 이후로 그것은 때로 전쟁 무기가 되기도 했고, 처벌의 도구가 되기도 했으며, 농기구가 되기도 했다. 호미는 철로 만드는 대표적인 농기구로 주로 농작물 옆 잡초를 제거하는 김매기에 사용한다. 잡초를 제거할 때는 두 가지를 유의해야 하는데, 가라지를 잘 식별하는 일과 뿌리를 끝까지 뽑아내는 일이다. 가라지는 벼와 매우 비슷하게 생겼다. 자칫하면 가라지인 줄 알고 벼를 뽑게 된다. 『맹자』「진심盡心」 하편에 보면 "가라지를 싫어하는 이유는 그것이 벼 이삭을 어지럽힐까 걱정하기 때문惡莠 恐其亂苗也"이라고 공자가 말하는 부분이 나온다. 완전히 다르면 제거가 쉽지만 바른 것과 엇비슷하게 닮은 악한 것은 도리어 선을 해치는 결과를 낳게 되니 주의해야 한다는 경계이다. 그래서 농사지을 때는 차라리 가라지가 벼와 함께 자라게 내버려 두었다가 어느 정도 자라서 생김새가 확연히 구분되면 그때 제거하기도 한다.

일단 잡초로 확인되면 끝장을 보겠다는 심정으로 뿌리를 완전히 뽑아내야 한다. 잡초의 뿌리는 질기다. 줄기만 제거하면 아래로 뻗어 덩굴을 이룬다. 쭉쭉 뻗어 가서 원래 기르려던 작물의 성장을 신나게 저지하고 농사를 망쳐 놓는다. 좋은 작물은 의외로 생명력이 약한데 잡초의 생명력은 엄청나다. 그래서 개념 없고 재주 없는 일꾼이 밭을 망치는 건 잠깐이다. 싹이 났을 때 이것이 무슨 싹인지 알아볼 수 있어야 한다. 꽃 피지 않은 난과 잡초가 보통 사람의 눈으로 보기에 무엇이 다르겠는가. 그러나 정원사는 알아차려야 한다. 좋은 싹과 나쁜 싹을 분간할 줄 알면 호미는 비로소 유용한 기구가 된다.

농사를 통해 다스림을 배운다. 가라지와 잡초를 식별해 낼 눈이 없으면, 식별해 낼 눈이 있어도 뽑아낼 용기가 없으면 농사는 결딴난다. 마찬가지로 인재를 제대로 알아보고 등용하지 못하면, 그리고 잘못된 사람을 확실하게 쳐내지 못하면 기관이든 나라든 운명은 그길로 끝장이다. 물론 농사 한 번 망쳐도 이듬해가 또 온다는 희망이 있다. 그러나 망친 농사로 먹을 것 없이 견디는 한 해가 목숨을 위협할 만큼 고통스러운 시간이란 점은 기억해야 한다. 신중한 식별과 식별 이후의 과감한 결단이 집안과 나라에 풍성한 내일을 선물할 것이다.

약 달이는 그릇

소인은 앓기만 하면 약을 먹고	小體呻吟而藥
대인은 불치의 병이 들어도 즐기나니	大體膏肓而樂
이쪽은 건강을 간구하다 되레 상하는데	此或求滋而削
저쪽은 맑고 한가로움 추구하니 확 트인다네	彼乃求淸則廓

정약용丁若鏞 1762~1836, 「**약로명**藥爐銘」, 『**다산시문집**茶山詩文集』

『맹자』「고자告子」 상편에 보면, 공도자公都子가 다 똑같이 사람인데 왜 누구는 대인이 되고 누구는 소인이 되느냐고 질문하는 대목이 나온다. 이에 맹자는, 대체大體를 따르면 대인이 되고 소체小體를 따르면 소인이 된다고 답하면서, 자기 외부의 어떤 것을 보거나 어떤 일을 당하였을 때 눈과 귀에 와 닿은 것에 곧이곧대로 반응하는 것이 소체를 따르는 자세이고, 마음으로 생각하여 반응하는 것이 대체를 따르는 자세라고 설명해 준다.

맹자의 설명을 듣고 있자니, 2차 세계 대전 때 아우슈비츠 수용소에 끌려갔다가 살아서 나온 빅터 프랭클Victor E. Frankl이라는 유태인 의사의 말을 되새기게 된다. 그는 자극과 반응 사이에 빈 공간이 있고, 그 공간에 반응을 선택할 수 있는 자유와 힘이 있다고 말했다. 죽음이 눈앞에 있는 순간에는 모든 것을 포기해 버리고 죽음이 주는 공포에 눌리는 게 일견 당연할 듯도 하다. 그러나 처참한 수용소에 갇혀 짐승보다 못한 대우를 받으면서도 다른 사람을 위로하거나 마지막 남은 빵을 나누어 주는 사람이 있었다. 그들에게서 그는 인간에게서 모든 것을 빼앗아 갈 수 있어도 단 한 가지, 마지막 남은 인간의 자유, 즉 주어진 환경에서 자신의 태도를 결정하고, 자기 자신의 길을 선택할 수 있는 자유만은 빼앗아 갈 수 없다는 진리를 찾았다고 한다. 나의 눈과 귀, 신체에 어떤 외부의 사건이나 사람·물체 등이 와서 부딪히면 그에 해당하는 직접적인 반응이 있게 마련이다. 발을 밟히면 소리를 지르고, 추우면 몸을 웅크리고, 무서우면 위축되고, 빈털터리가 되면 걱정하고……. A라는 자극이 오면 B라는 반응이 당연하다는 듯 일어난다. 그러나 맹자도 빅터 프랭클도 그런 '당연한 반응'은 없다고 말한다. 눈과 귀와 신체에 무언가와 닿지만 반응은 우리의 마음이 언제든 '선택'할 수 있는 것이라고.

마음이 아니라 몸에 집중하는 것이 자연스러운 때가 있다. 바로 아플 때이다. 아프면 통증이 있는 곳으로 모든 신경이 쏠려 다른 일에 도무지 집중할 수 없게 된다. 그래서 치료가 급선무가 된다. 잠깐 앓다 낫는 병은 그래도 괜찮지만 오래가거나 자주 걸리는 경우는 내 에너지의 반쯤이 늘 병으로 소진돼 버리니 자꾸만 온 신경이 나에게로 몰린다. 나이가 들면 에너지 자체가 줄어들어 이런 증세는 더 심해지기만 한다. 남을 돌아보고 나를 객관적으로 살피고, 그렇게 몸보다 마음에 집중해서 나의 반응을 선택하는 자세는 점점 낯선 일이 되어 가는 것이다. 이렇게 되면 내가 병을 다스리는 게 아니라 병이 나를 다스린다고 할 수 있다.

늘 그렇듯 약탕기에서 약 냄새가 번져 가던 어느 날, 지은이 정약용은 문득 머릿속에 건강 외에는 다른 생각이 사라져 버린 자신을 마주 대했던 모양이다. 인생을 제대로 살 줄 아는 지성인이라면 다시는 나을 수 없는 불치병에 걸려도 마음의 여유를 잃지 않아 생활 속에 여전히 맑고 한가로운 기운이 넘쳐 나는 법인데, 내내 약탕기만 붙들고 얼른 나아야지 생각하며 병에 끌려다니다가 더 귀한 가치를 놓친 초라하기 그지없는 자신의 모습 말이다. 몸을 지키려다 마음을 놓쳐 버릴 수 있다. 소탐대실小貪大失, 아프면 치료도 해야겠지만 아프다는 것으로 내 모든 이기利己와 심술을 변명하고 합리화하고 있지는 않은지 한번쯤 돌아볼 일이다.

도통을 밝혀 놓은 병풍

공경과 정일精一로 덕 이룬 이, 요순이고	堯欽舜一
두려움과 공경으로 덕 닦은 이, 우탕이네	禹祇湯慄
공손과 삼감으로 마음 지킨 이, 문왕이고	翼翼文心
탕탕평평 다스림의 표준 세운 이, 무왕이네	蕩蕩武極
늘 노력하고 조심하라 말한 이, 주공이고	周稱乾惕
학문과 도道에 생활을 잊은 이, 공자였네	孔云憤樂
자신을 반성하며 조심한 이, 증자이고	曾省戰兢
사욕 잊고 예禮를 회복한 이, 안자였네	顔事克復

경계하며 조심하고 혼자 있을 때를 삼가서	戒懼愼獨
명성으로 지극한 도 이룬 이, 자사이고	明誠凝道
마음을 보존하여 하늘을 섬기면서	操存事天
바른 의로 호연지기 기른 이, 맹자였네	直義養浩
고요함을 핵심으로 삼아 욕심 없이 지내면서	主靜無欲
넓은 마음 시원스런 인품 지닌 이, 염계 선생이고	光風霽月
풍월을 읊조리며 돌아오는 기상에다	吟弄歸來
온화하고 우뚝한 기상을 지닌 이, 명도 선생이었네	揚休山立
정제된 몸가짐에 엄숙한 기상으로	整齊嚴肅
마음을 경敬에 두고 흔들림 없는 이, 이천 선생이고	主一無適
박문博文에다 약례約禮까지 양쪽 다 지극하여	博約兩至
연원의 정통 이어받은 이, 그분은 주자였네	淵源正脈

이황李滉 1501~1570, 「제김사순병명題金士純屛銘」, 『퇴계집退溪集』

이 명의 원제목 '제김사순병명題金士純屛銘'에서 사순士純은 김성일金誠一의 자字이다. 조선 유학의 거장 이황이 김성일의 병풍에 도학道學의 연원淵源을 써 준 이 명으로 인해 김성일이 연원의 정맥正脈을 전수받았다고 보기도 한다.

이 글에는 조선 성리학에서 정통이라고 말하는 도통道統이 잘 정리되어 있다. 병풍의 내용만 숙지해도 소위 유학이라고 말하는 것에 대해 상당히 수준 높은 배경지식을 지닐 수 있다. 요堯 임금, 순舜 임금, 우禹 임금은 역사 시대 이전의 인물로, 우 임금까지는 나라를 덕이 있는 사람에게 물려주는 선양禪讓의 방식으로 왕위가 이어졌는데, 우 임금이 왕위를 물려받아 하夏나라를 세우면서부터는 혈통으로 왕위를 이어받는 왕조 시대가 열렸다. 탕湯 임금은 상商나라를 세웠고, 문왕과 무왕은 주周나라를 세웠다. 공자는 주나라의 질서가 붕괴하며 등장한 춘추 시대 인물이고, 안자는 공자의 수제자이자 애제자이다. 공자 학통의 한 갈래가 증자-자사-맹자로 이어졌다가 세를 잃었는데, 송宋나라 학자들이 이 학통을 새롭게 부활시켰다. 염계濂溪 주돈이周敦頤가 송나라 도학을 일으켰고, 명도明道 정호程顥·이천伊川 정이程頤 형제가 계승하였으며, 회암晦庵 주희朱熹가 대성했다. 이 글은 이와 같은 흐름을 잘 보여 주고 있다.

또한 각각의 인물을 묘사한 표현도 모두 그 인물을 단적으로 드러낼 수 있는 대표적인 문장을 인용한 것이어서 한 구절 한 구절의 출전도 다양하다. 이를테면 요 임금과 순 임금에 대해서는 『서경書經』에서 요 임금을 "공경과 총명과 문채와 사려가 자연적으로 우러나왔으며欽明文思安安"라고 찬양한 부분과 순 임금이 우 임금에게 왕위를 내어 주면서 "인심은 위태하고 도심은 은미하니, 오직 정밀하고 전일하여야 진실로 그 중을 잡으리라.人心惟危 道心惟微 惟精惟一 允執厥中"라고 말한 데서 '堯欽요흠'

과 '舜一순일'을 따왔다. 이런 식으로 주공은 그가 『주역周易』의 효사爻辭를 지었다 해서 『주역』「건괘乾卦」 구삼九三의 효사에서, 공자와 증자와 안자는 『논어』에서, 자사는 그가 지었다는 『중용中庸』에서 각각 묘사한 어휘를 인용했다. 각종 전적에서 헤엄칠 각오가 되어 있다면 재미나게 읽어 볼 수 있을 것이다.

한 몸이 된 필통과 연적

오직 모영 족속은　　惟毛穎族
물 아니면 못 살아　　非水不活
길이 멀어 물 끊기면　　苟遠難繼
소갈병에 걸리기도 하지　　則或病渴
훌륭하다 저 도공이　　善哉陶公
그대 위해 집을 지으니　　爲爾卜宅
방 하나가 넓디넓고　　一室虛白
사면 벽에 물이 감돌아　　水周四壁

가까이서 물을 얻어	取之至近
물 긷는 수고 없으니	不勞綆汲
탕목읍으로 삼아	宜爾世食
대물리게 함이 마땅하리	爲湯沐邑

김창협金昌協 1651~1708, 「필통연적명筆筒硯滴銘」, 『농암집農巖集』

톡톡 튀는 발랄한 명이다. 지은이 김창협의 지인이 어느 날 도자기 필통을 만들어 가져와서 보여 주었는데, 아주 기발했다. 필통의 네 면과 아랫부분에 물을 담을 공간을 만들어 연적으로도 사용할 수 있게 한 새로운 발명품이었던 것이다. 이런 물건을 가지고 와서 명을 써 달라고 청하니, 즐거운 상상력에 어찌 불이 붙지 않으랴. 그래서 이렇게 재미난 글이 탄생하게 되었다.

'모영'이란 붓을 가리키는데, 당唐나라 한유韓愈가 붓을 의인화해서 쓴 「모영전毛穎傳」이란 글 때문에 얻게 된 별명이다. 「모영전」도 재미있다. 이렇게 시작한다. "그는 중산中山 사람이고, 그 시조는 명시明眎이다." 명시는 토끼의 별칭이고, 중산의 토끼털로 만든 붓이 예로부터 유명하기 때문에 붓의 전기傳記는 이렇게 시작하는 것이다. 붓의 성격에 대해 말하는 부분은 특히나 재치가 넘친다. "모영의 사람됨은 기억력이 뛰어나고 행동이 민첩하며, 문자 이전 매듭으로 일의 대소를 표현하던 시대로부터

진秦나라의 사적事迹에 이르기까지, 편찬하여 기록하지 않은 것이 없었다. 그는 기술부터 학술까지 모르는 것이 없고 또한 관청의 장부와 금전 기록 등에 정통한데, 오직 황제가 시키는 바에 따라 행하였다. 또 바르거나 사악하거나 공교하거나 졸렬하거나 간에 완전히 주인의 뜻에 따르며, 설사 버림받는다 해도 끝까지 침묵하고 비밀을 누설하지 않는다. 오직 무사를 좋아하지 않는데, 그러나 초대를 받으면 그래도 가끔 가기는 한다." 뭐든 사람이 기록하는 것이지만 붓끝에서 이루어지니 붓은 모든 것을 다 알고 있다고 하거나 사람에 따라 글의 내용이 바뀌지만 붓은 완전히 주인의 뜻에 따른다고 한 표현이 재미있다.

그런데 이러한 붓도 물에 적셔져야 비로소 활동을 시작할 수 있고, 물이 마르면 더 이상 쓸 수 없다. 이렇게 계속 물을 머금어야 하는 붓의 특징을 두고 소갈병消渴病 즉 당뇨가 있다고 하였으니, 덕분에 붓은 때아닌 만성 질환 환자가 되었다. 이런 불쌍한 당뇨 환자를 위해 맞춤형 시스템이 도입되었으니, 벽과 바닥에 물이 가득 흐르도록 연적을 접목해 준 것이다. 필통에 사는 막내 붓이 우물로 물 길러 나설 일이 이제 없겠다. 붓에게 이보다 더 좋은 공간이 어디 있으랴.

「모영전」에 나온 말마따나 붓은 참으로 주인을 잘 따르고 충성스러운 신하이다. 문인에게 붓이 없다면 그 많은 생각과 이해와 감성을 무엇으로 세상에 펼쳐 놓겠는가. 그렇다면 그 공을

치하하는 상을 주어야 옳다. 탕목읍湯沐邑은 천자가 제후에게 내리는 식읍食邑으로, 그 고을의 수입을 목욕 비용으로 삼으라고 내려 주는 곳이다. 붓의 공을 생각하면 이런 연적 하나쯤 그의 식읍으로 내주어 대대로 편안하게 물을 머금게 해도 좋으리라! 이후로 그 집안 붓은 고질병에 조금도 거리끼지 않고 인생을 편안히 즐겼을 것만 같다.

줄 없는 거문고

이치는 하늘의 일과 같게 하고	理契天載
즐거움은 내 마음을 붙이노니	樂寓吾心
오묘하게 그 정취를 터득할 뿐	妙得其趣
구태여 현絃의 소리 빌릴 게 없네	不假於音
고요와 적막이 감도는 중에	冥然寂然
만물은 모두 봄으로 찬란하구나	萬物皆春
정신은 태곳적에 가서 노닐고	神游太古
손가락은 본연의 순수를 어루만지네	手撫天眞

이언적李彦迪 1491~1553, 「**무현금명**無絃琴銘」, 『**회재집**晦齋集』

「귀거래사歸去來辭」의 지은이로 유명한 도연명陶淵明은 음악을 잘 몰랐다고 한다. 여유와 멋과 술이 있는 곳에는 모름지기 음악을 얹어 주어야 비로소 운치라는 게 폭발한다. 딱하게도 도연명에게는 바로 이 운치를 완성할 악기 연주 능력이 없었던 것이다. 그러나 실제 음악을 듣는 귀가 없고 음치나 박치인 사람이라도 그 마음에 흐르는 음악은 언제나 음도 박자도 틀릴 리 없이 완벽한 법이다. 도연명도 그랬던 모양이다. 게다가 그는 탁월한 문장가였으니, 그 감수성이 어디 가겠는가. 그는 결국 음악을 모르는 아쉬움을 달랠 방법을 찾아내고야 말았으니, 줄 없는 거문고를 마련한 것이다. 술에 얼근히 취하면 그는 줄 없는 거문고를 매만지면서 자기 마음을 표현했다. 함께 있던 친구들은 당연히 '이건 또 무슨?' 하는 표정을 지어 보였고, 그는 이렇게 답했다. "거문고의 정취만 알면 되지, 뭐 하러 번거롭게 줄을 당겨 소리를 내겠는가.但識琴中趣 何勞絃上聲"

마음에 흐르는 음악을 줄 없는 거문고를 통해 어떻게 들려주었을까? 시조창처럼 그렇게 노래로 표현했을까, 아니면 거문고 판을 통통통 두드리며 현을 뜯는 연주를 흉내 내서 리듬으로 가락을 표현했을까? 그도 아니면 그저 몸판만 쓰다듬고 있었을까? 어떤 식으로 연주했든 듣는 귀도, 연주 능력도 없는 도연명은 문인 특유의 감성으로 새로운 거문고 연주법 영역을 개척해 냈고, 그 연주법은 조선에까지 전해졌다.

줄 없는 거문고가 개그가 아닌 절정의 운치로 승화된 모습이 이 글에서 잘 드러나고 있다. 지은이는 『중용』에도 인용되어 있는 『시경』 「문왕文王」의 "하늘의 일은 소리도 없고 냄새도 없다.上天之載 無聲無臭"라는 구절을 인용해서 소리가 없는 것이 얼마나 대단한 이치인가를 말하며 글을 열고 있다. 음악을 소리로 표현하는 것이 오히려 수준 낮은 일처럼 느껴질 정도이다. 봄이 지천으로 생명력을 토해 내고 있는 때, 그 한복판에서 자신의 존재마저 잊은 채 봄에 완전히 몰입한 순간이라면 어설픈 음악이 있는 것보다 절정의 고요가 더 걸맞을 것이다. 음악은 자연의 신비와 순수한 마음에 이미 간직되어 있으니 말이다.

시선詩仙이라 불린 당나라 시인 이백李白은 도연명과 도연명의 줄 없는 거문고를 노래하면서 "도잠이 팽택 수령의 직책을 버리니, 아득히 태고인의 마음이었네. 오묘한 소리 절로 곡조 이루니, 줄 없는 거문고를 탈 뿐이었네.陶令去彭澤 茫然太古心 大音自成曲 但奏無絃琴"라고 읊었다. 출세의 덧없음과 자연을 향유하는 삶의 기쁨을 아는 것 그 자체가 하나의 아름다운 음악이라는 것이다.

음악은 마음에 휴식을 선물해 주는 고마운 것이지만, 오늘은 그 음악마저도 잠시 내려놓아 보면 어떨까? 악기를 다룰 줄 안다면 연습으로 바빴던 손도 잠깐 쉬도록 하고, 연주 없는 악기 소리에, 줄 없는 거문고 소리에 마음을 열어 보면 어떨까? 고요를 타고 자연이 스며들어 와 제 스스로 부르는 삶의 노래로 꽉 막힌 귀를 열어 줄지도 모른다.

내 멋대로 즐기는 거문고

나무 속 파내 울림통을 만들고	刳木以竅之
명주실 팽팽하게 당겨 맨 뒤에	絚絲以絃之
퉁기고 두드리면	援而鼓之
맑고 시원한 거문고 소리	有聲泠然
이 청량한 음색, 나무가 빚어내는 것인가	是泠然者生於木耶
줄에서 생겨나는 것인가	生於絲耶
그도 아니면 사람이 만들어 내는 것인가	抑生於人耶
모두 알 수 없는 일	皆不可知

그대는 백아의 솜씨가 없고	子無伯牙指
나는 종자기의 귀가 없으니	我非鍾期耳
검은 학은 하늘로 올라가고	玄鶴上天
고기는 물속으로 숨어 버리네	游魚入水
내 멋에 따라 즐길 뿐	寄趣而已
연주란 훌륭하거나 엉망이거나 다 헛된 것	成虧兩空
이런 이치 아는 이는	知此理者
오직 제물옹뿐이리라	惟齊物翁

장유張維 1587~1638, 「현금명玄琴銘」, 『계곡집谿谷集』

현금玄琴은 거문고를 말한다. 유학의 가르침에서 예禮와 악樂은 떼려야 뗄 수 없는 관계이다. '예'를 예술적으로 형상화한 것이 '악'이기 때문이다. 유학의 대성인인 공자부터가, 제齊나라에 갔다가 순 임금의 음악인 소韶 음악을 듣고서 그 음악에 반하고 빠져서 3개월 동안 고기 맛까지 잊었을 정도로 음악에 일가견을 가지고 있었다. 그래서 음악은 선비의 교양 선택이 아니라 교양 필수였다. 하지만 음악적 감수성이나 연주 능력은 누구나 쉽게 가질 수 있는 게 아니다. 재능을 타고나야 하고, 타고났어도 어려서부터 훈련해야 정련될 수 있다. 자꾸 음악에 노출이 돼도 음악적 감수성을 쌓을까 말까 한데, 조선 시대에는 음악을 들려주는 음향 기기도 없고, 동네마다 음악 학원이 있지도 않았다. 음악은 교양 필수치고 너무 멀리 있는 대상이었다.

이 명을 읽고 있노라면 조선 선비들의 음악에 대한 애매한 풍경이 눈에 보이는 것 같다. 친구와 차 한잔 나누거나 술 한잔 나누면서 담소를 즐기다가 풍류거리를 찾는다. 옆에 세워 둔 거문고를 가져온 한 친구가 뚱땅뚱땅 연주를 시작한다. 곡이 좀 흘러가는가 싶으면 삐그덕, 또 좀 흘러가는가 싶으면 또 삐그덕. 껄껄 웃으며 또또 삐그덕. 거문고 소리는 좋은데 부족한 연주가 겸연쩍다. 슬며시 정신 승리를 시도해 본다.

춘추 시대에 살았던, 전설적인 거문고 명인 백아와 백아의 연주를 제대로 감상할 줄 알았던 유일한 감상자 종자기. 연주자가 백아가 아닌데 감상자가 종자기라면 그의 귀는 괴로워 미칠 것이고 반대라면 연주자가 흥을 잃겠지만, 오늘 우리는 이만한 연주에 서로 만족할 수 있는 사이. 다만 둘러앉아 듣고 있는 이들이 괴로울 뿐. 거문고의 명인 사광師曠이 연주하면 학이 날아들었고, 또 다른 거문고의 명인 호파瓠巴가 연주하면 물고기가 물에서 나와 연주를 들었다는데, 이날의 연주에 학은 도망가고 물고기는 물속 깊숙이 피했다지. 그렇지만 굳이 『장자莊子』의 「제물론齊物論」까지 끌어와 깊은 위로를 받아 본다.

"옳다는 기준을 세웠기 때문에 옳음과 그름이 생겨났을 뿐, 어떤 관점에서 보느냐에 따라 성공과 실패가 갈라지니 성공과 실패를 가름이 부질없다. 굳이 연주에 들어가면 박자와 가락과 화성이 제대로 이루어지느냐 아니냐가 갈릴 테지만 천지에는 이미 인간의 연주 따위 훌쩍 뛰어넘는 자연의 조화로운 소리로 가득하다. 큰 틀에서 보면 평범한 만물이 모두 똑같이 찬란한 것을……!"

청나라에서 들여온 번금

아악雅樂이 모두 다 버려져 　小疋盡廢
마침내 이 소리에 이르렀으니 　乃至此音
그 누가 음악의 근본을 돌이킬런고 　誰返樂本

김정희金正喜 1786~1856, 「번금명番琴銘」, 『완당전집阮堂全集』

1772년영조48 어느 여름날, 더위에 지친 연암燕巖 박지원朴趾源은 친구 집을 찾았다. 술잔을 기울이며 여름의 흥취나 즐길 심산이었다.

"여보게, 덕보德保! 더운데 뭐 하나? 술이나 한잔~"

"챙, 챙, 채쟁, 챙……."

'무슨 소리지?' 이제껏 들어 보지 못한 예민하고 맑은 악기 소리가 귓전에 들려왔다. 낯선 악기는 챙, 챙, 챙 소리를 내며 여름의 더운 공기 한가운데에 청량감을 흩뿌리고 있었다. 소리가 나는 곳을 따라가 가만히 방문을 열어 보니, 홍대용洪大容이 홀로 앉아 악기에 골몰하고 있었다. 조용히 들어가 그 앞에 마주 앉았다. 홍대용이 만지고 있는 그 악기는 철사鐵絲로 만든 현 악기였다. 그는 대나무 채로 현을 두드려 소리를 내고 있었다. '엇! 철사 줄? 아, 그래서 소리가 이렇게 영롱한 것이었구나!'

"무언가, 이 악기는?"

"응, 번금이네. 청淸나라에서 들여왔지."

조선의 모든 현악기는 명주실로 만들어 음정, 음색, 주법 등이 이 악기와 달랐다. 그래서 조선 음악을 이 악기에 담아내기란 여간 어려운 게 아니었다. 홍대용은 그것을 해 보겠다고 무더운 여름, 땀을 말로 쏟아 내고 있었다. 해가 질 무렵쯤 되었나? 마침내 홍대용의 얼굴에 미소가 번졌다.

"연암, 들어 보겠나?"

번금이 조선 악기로 다시 태어나는 순간이었다. 한여름 박지원에게 청량감과 신선함을 선사한 이 악기는 양금洋琴, 서금西

琴, 천금天琴이라고도 하는데, 사다리꼴의 오동나무 겹 널빤지에 받침을 세우고 놋쇠로 만든 줄을 14개 매어 만든다. 박지원은 양금으로 향악鄕樂을 연주한 것이 이때가 처음이었으므로 그 일시를 잘 기록해 두고 싶었다면서 이날의 일을 『열하일기熱河日記』에 적어 두었다.

이 악기는 원래 중동 지역이 고향인데, 십자군 원정 때 서양에 알려지면서 유럽 각국에 널리 보급되었다. 중국에는 명明나라 때 예수회 선교사 마테오 리치Matteo Ricci가 소개하였고, 조선에는 실학자들이 영조 때 들여왔다. 홍대용이 우리 고유의 음악 연주가 가능하도록 번금을 조율한 이후 어찌나 빠른 속도로 퍼져 나갔는지 9년 만에 현악기 연주자치고 다루지 않는 자가 없을 정도로 유행하게 되었다고 박지원은 전한다. 연주자들은 조선 악기에 없던 색다르고 청명한 음색을 꽤나 매력적으로 느꼈고 청중의 반향도 컸던 모양이다. 그러나 번금은 농현弄絃을 할 수 없다는 한계 때문에 주로 풍류風流 음악에만 사용되었다.

고증학의 대가이자 저명한 노론老論 집안 출신인 지은이 김정희의 단정한 안목으로 볼 때 고아古雅함을 추구할 수 없는 이 악기가 영 탐탁지 않기도 했을 것 같다. 하지만 지은이는 그렇게 답답하기만 한 보수주의자는 아니었다. 그 자신이 스스로 하나의 서체를 창안해 낸 인물이 아니던가. 게다가 예술에 대한 안목은 조선 제일이라도 해도 과언이 아니었다. 그런 사람이 청나라에서 건너왔다고는 하나 이미 한 세대도 더 전에 받아들여 조선에 널리 퍼진 악기 하나에 마냥 딴지를 걸 리 없다. 어쩌면 그는 번금을 통하여 세상에 대한 불만을 토로하고 싶었던 것은 아닐까?

음악은 반드시 사회를 반영한다. 그래서 법도가 무너진 세상에는 아악의 자리도 없다. 아악은 나라의 틀이 되는 예禮를 실현하는 음악, 즉 제례와 궁중 의례의 음악이기 때문이다. 틀이 바로잡혀 있어야 풍류가 선을 넘지 않을 수 있다. 지은이는 세도 정치勢道政治로 나라의 기강이 무너져 내리던 시대를 살았다. 소용돌이치는 세상 속에서 그는 유배 생활을 전전해야 했다. 이때는 풍류'도' 있는 세상이 아니라 풍류'만' 있는 세상이었다. 그의 한숨을 읽어 가다가 문득 오늘 우리의 음악은 어떤 모습인지 돌아본다. 과연 어떤 모습일까? 음악이 반영하고 있는 우리의 오늘은 오락'도' 있는 세상일까, 아니면 오락'만' 남은 세상일까…….

과음 조심!

주량은 아무래도 사람마다 똑같지 않아	飮量難齊
한 말, 한 섬, 한 되, 한 홉 모두 제각각	斗石升合
주량이 말술이라도 절제는 당연한 것	有餘宜節
더구나 술이 약한 이는 더 말할 필요 있겠나	況於不及
어허, 이 술 단지에 술 가득 담겼더라도	嗟玆一盛
한 잔 두 잔 떠 마실 때 그대 부디 삼가고	尙愼爾挹
술 단지 백 개쯤은 단숨에 비워 냈다는	無或藉口
그 옛날 자로의 고사를 핑계 삼지 말게나	子路百榼

김창협金昌協 1651~1708, 「잡기명雜器銘」 중 '주합酒榼', 『농암집農巖集』

이 명은 앞서 본 「세숫대야에 얼굴 씻듯」을 지을 때 김창협이 함께 쓴 글이다.

술과 선비는 떼어 놓을 수 없는 사이라고 한다. 혼자 있어도, 친구와 함께 있어도 술이 없는 자리는 없다. 술 한잔 마시며 시를 읊는 것이 선비의 오락 아니던가! 저 마지막 구절에 나오는 자로子路의 고사는 전한前漢 때 공자의 9대손인 공부孔駙가 편찬했다는 『공총자孔叢子』 「유복儒服」편에 나오는 이야기이다. 여기에는 공자의 제자인 자로의 일에 앞서 "요 임금과 순 임금은 1000종鍾의 술을 마셨고, 공자는 100잔의 술을 마셨다."라는 내용이 있다. 후한後漢 때 조조曹操가 금주법을 만들려 하자 공융孔融이라는 문장가는, 요 임금은 1000종의 술로, 공자는 100통의 술로 각각 태평성세를 이루고 최고의 성인이란 이름을 가질 수 있었다면서 반대하기도 했다. 이 위대한 유가의 성인들이 술로써 위대해졌다는데 어떻게 술을 금하거나 멀리할 수 있겠는가. 유학을 나라의 근본으로 삼았던 조선인지라 타고나길 주량이 작아 술을 못 마시면 어떻게 친구를 사귀고 벼슬할까 싶을 정도로 조선의 선비들은 술과 친하였고, 술에 관대하였다.

그러나 말술에 장사 없다. 들이붓는데 취하지 않을 길은 없다. 술 마시고 저지른 실수는 눈감아 주는 게 예의라지만 돌이킬 수 없는 것도 꼭 있는 법이다. 그저 아침에 부끄러움을 참지 못하고 혼자 이불을 뒤집어쓰고 무안해하는 실수는 그래도 나은 편이다. 마음에 담아 놓았던 원망을 폭언으로 쏟아 낸다든지, 기어이 운전대를 잡아서 돌이킬 수 없는 사고를 낸다든지, 난동을 부리며 다른 사람에게 상해를 입힌다든지 하는 짓은 술에 취해서 그랬다고 핑계 댈 수 없는 규모의 실수들이다. 그러나 한번 잘못된 방향으로 주사酒邪가 잡히면 그 버릇은 잘 고쳐지지 않는다. 그러니 술은 호기롭기보다 겸손하게 마셔야 옳지 않을까? 무용담 늘어놓듯 들이붓는 술자리는 나만 좋고 내 스트레스만 풀릴 뿐 남은 상처 입고 고통스럽다.

내 실수는 괜찮다고, 이해받을 수 있을 거라고, 다음부터 조심하면 그만이라고 뭉그대지 말자. 조금만 조심하면 된다. 주량보다 살짝 적게 마시는 것, 겨우 그뿐이다! 그 정도의 절제도 감당하지 못한다면 술을 끊는 게 옳다. 그대의 주사를 받아 줘야 할 이유도 의무도 상대에겐 전혀 없으니까 말이다.

유자 모양 술잔

너의 술 마심을 경계하노니　　戒爾飮酒
술은 반드시 본성을 잃게 만든다네　　酒必喪性
사람을 미친 사람 만드는 유일한 약　　惟此狂藥
하여 예로부터 단단히 주의시켰지　　自古有警
잔치가 시작된 처음에는　　賓筵之始
몸가짐이 아주 깍듯하다가　　威儀孔多
잔치 막바지쯤이 되면　　以及其終
비뚜름해진 관이 흔들흔들　　側弁峨峨

술을 마시지 말라는 게 아니니라 非曰不飮
본성 잃고 분탕 칠까 걱정하는 게지 所懼者亂
술잔에도 귀가 있다 하니 維爵有耳
잔치를 즐김도 절제가 필요한 일 節彼宴衎
나의 훌륭한 손님들 맞이하여 邀我嘉賓
이 아름다운 밤 제대로 즐기자면 樂此良宵
다만 화평한 기운 끌어내어 但可導和
화락하고 흐뭇하면 그만이리라 熙熙陶陶

정조正祖 1752~1800, 「유배명柚杯銘」, 『홍재전서弘齋全書』

술에 대한 경계, 그중에서도 연회 중에 마시는 술에 대한 경계를 담은 명이다. 아무리 공식적인 자리라도 축하하고 즐기는 것이 주목적이라면 당연히 술이 있게 마련이고, 술이 몇 순배 돌고 나면 격식을 차리던 분위기는 점차 온데간데없고 슬슬 풀어지기 시작한다. 그렇게 풀어지다 보면 아침의 후회로 다 덮지 못할 만큼의, 책임지지 못할 불미스러운 일이 벌어지곤 한다.

세손世孫 시절에 정조는 이렇듯 단정하게 술과 술자리에 대한 경계를 말하고 있지만, 사실 그는 잔치 자리에서 술로 신하들을 애먹이기로 둘째가라면 서러운 임금이었다. 술을 아주 집요하게 권하는 습관을 가지고 있었기 때문이다. 1792년정조16

3월, 응제應製에 합격한 성균관 유생들에게 술과 음식을 하사하던 날에는 이런 웃지 못할 일도 있었다. 정조가 술 취한 모습을 보고 각자가 지닌 덕을 살필 것이니 오늘은 아주 취하지 않으면 집에 못 간다는 각오로 술을 마시라고 격려 아닌 격려를 하며 주연을 시작하였다. 그중에 대대로 술을 잘 마시기로 소문난 집안의 후손 오태증吳泰曾이란 사람이 있었는데, 커다란 술잔으로 다섯 잔을 내리 들이부었으나 취하지 않았다. 정조는 커다란 잔으로 다시 다섯 잔을 마시게 해서 결국 그가 사방을 분간하지 못하고 드러눕게 만들고야 말았다. 그 모습을 보고 나서 정조는 그의 선조인 오도일吳道一도 숙종에게 술을 받아 마시다가 대취해서 이곳에 드러누웠던 미담美談이 전해지고 있는데, 그 후손이 또 오늘 이렇게 취해서 자기 선조와 같은 장소에서 드러누웠으니 우연한 일이 아니라고 말하고 기뻐하며 잔치를 이어 갔다고 한다.

정조에게 특별한 사랑을 받았던 정약용도 정조의 술 권하는 일화에서 빠질 수 없다. 정약용은 술을 가뜩이나 좋아하지 않았는데 정조의 아낌을 받았으니 그 고통이 오죽했을까! 그런 정약용의 속내를 잘 아는 정조는 술을 권하는 게 더 재미있었던 모양이다. 아주 혹독하고 끈질기게 그에게 술을 먹였다. 한번은 그 독한 삼중소주三重燒酒를 옥으로 만든 필통에 가득 따라 주고 마시게 해서 정약용은 그때 속으로 '나는 오늘 죽었구나.' 생각했다고 한다.

문신들 시험지 채점이 끝나면 큰 사발로 한 사발씩 술을 내려 주고 마시게 하는 건 으레 있는 일이었다. '마시면 끝까지!'의 자세로 술자리에 임했던 정조의 습관을 생각하면 다만 화락하고 흐뭇하게 잔치를 즐기기 위해 술을 절제하는 것이 옳다는 이 글의 결심이 일상에서 대체 어떻게 실현되었을지 궁금하기 짝이 없다. 어쩌면 술을 먹어도 반듯한 자세를 유지할 수 있는 정도를 주량이라고 한다면, 내 기꺼이 신하들의 주량을 늘려 항상 반듯한 사람이 되게 해 주겠다는 자세로 그렇게 열심히 술을 하사했던 것인가? 정조 임금과 술 마시는 신하들을 상상하는 것만으로도 내 속이 다 아파 온다.

옷장의 넓은 품

귀한 예복도 네가 간직하고 黼裳唯汝

허름한 도롱이도 네가 간직하지 襏襫唯汝

말끔한 옷이라고 좋아하지도 않고 毋襒裯以喜

남루한 옷이라고 싫어하지도 않는다네 毋襤褸以苦

정약용 丁若鏞 1762~1836, 「사명 笥銘」, 『다산시문집 茶山詩文集』

사물에 대한 단상을 적어 놓은 명이 재미있는 이유는 일상에서 접하는 사물에 던지는 깊고 색다른 시선 때문이다. 계절이 바뀌어 그동안 입었던 옷을 빨아 옷장 안에 정리해 넣고 새로 찾아온 계절에 맞는 옷을 꺼내려고 옷장을 여니 문득 옷장 안의 풍경이 들어온다. 옷장이라는 한 공간 안에 귀한 예복도 있고, 허름한 옷도 있으며, 말끔한 새 옷도 있고, 남루한 헌 옷도 있다. 귀한 옷만 받아들이는 것도 아니고 새 옷만 받아들이는 것도 아니며, 옷에 따라 옷장을 따로 써야 한다고 투정을 부리는 것도 아니다. 얼마나 넉넉하고 공평한 마음씨인가! 방 한구석에 있는 평범한 사물이라고 생각했는데 배울 점이 이만저만한 것이 아니다.

옷장의 이런 넉넉함과 공평함은 목민관牧民官의 자세와 닮았다. 한 고을을 맡아 주관하려면 자신이 돌보아야 할 백성들을 긍휼히 여기는 마음과 특권을 허용하지 않고 공평무사하게 고을의 일을 처리하는 엄격한 자세가 필요하다. 유학을 국가 이념으로 하는 왕정의 나라에서 왕은 백성의 아버지이고 백성은 왕의 자녀이다. 그러나 왕이 그 많은 백성 한 사람 한 사람을 다 돌볼 수는 없다. 백성의 삶에 실질적으로 영향을 미치는 이는 지방관이다. 그래서 지은이 정약용은 『목민심서牧民心書』를 써서 지방행정관의 폐단을 없애고 지방행정을 쇄신하여 백성들의 삶을 지키고자 했다.

『목민심서』에서 그는 은혜 베풀기를 좋아하는 것이 바로 덕德을 심는 근본이라면서 "가난한 친구나 곤궁한 친척은 힘을 헤아려서 돌보아 주어야 한다. 권문權門과 세가勢家는 후히 섬겨서는 안 된다."라고 말했다. 또한 횡포와 난동을 금지해서 백성의 삶을 편안히 할 것을 말하면서 "큰 세력이 있는 자들을 물리치고 임금 곁에 있는 높은 신하를 두려워하지 않는 것 또한 목민관 된 자가 힘써야 할 일이다.……토호土豪의 횡포는 소민小民들에게는 승냥이와 호랑이이다. 그 해독을 제거하고 양 같은 백성들을 보호하는 것이야말로 참된 목민관이라 하겠다."라고 하였다.

백성들과 가장 가까이에 있는 지방관은 옷장과 같아야 한다. 귀한 예복이라고 해서 받아들이고 허름한 도롱이라고 해서 내쳐서는 안 된다. 말끔한 새 옷이라고 해서 더 좋아하거나 누덕누덕한 헌 옷이라고 해서 싫은 체해서는 안 된다. 모두를 넉넉하게 품어야 하고 누구든 공평하게 대해야 한다. 지방관 자리는 그 지역의 유지나 힘 있는 자와 관계를 잘 유지하여 더 높은 곳으로 올라갈 것을 꿈꾸는 도약대 같은 곳이 아니다. 해당 지방민 모두의 삶을 주도적으로 책임지는 자리이다.

옷장에는 다만 깨끗이 빤 옷이 들어갈 뿐이다. 깨끗한 옷이란 교육을 의미한다고 볼 수 있지 않을까? 다음 계절을 준비할 수 있는, 그러니까 다음 시대를 준비하고 민주적 삶을 영위할 수 있는 시민을 양성해 내는 교육 말이다. 지은이가 옷장에서 배운 교훈은 오늘도 유효하다. 국민 한 사람 한 사람이 소속되어 있는 작은 행정 단위의 장이 옷장의 넉넉함과 공평함을 온몸과 마음으로 본받는다면 평범한 이들의 삶이 하루하루 조금씩 더 나아질 것이다.

제후가 된 벼루

문예의 밭 날로 넓혀 가을 추수 풍성하니	藝圃日闢秋有穫
즉묵후에 봉해진 네 공적을 가상히 여기노라	余嘉乃績封即墨

황현黃玹 1855~1910, 「**연명**硯銘」, 『**매천집**梅泉集』

지금은 연필이든 볼펜이든 모두 색이 나오는 심이 필기구 자체에 들어 있어 무언가 기록해야 할 때 바로바로 쓸 수 있지만 예전에는 필기구와 심이 분리돼 있었다. 붓과 먹이 따로 있었던 것이다. 그리고 먹은 고체이므로 바로 사용할 수 없고 벼루에 물과 함께 갈아서 써야 했다. 글씨 한 자를 쓰려 해도 붓과 먹과 벼루를 갖추고 있어야 하고, 먹은 벼루에 항상 갈아 두어 즉시 먹물로 붓을 적실 수 있는 상태여야 했다. 글을 쓴다는 것 자체가 매우 부지런한 행위였던 셈이다. 여기에 종이까지 더하여 선비의 글짓기 친구, 문방사우가 완성된다.

선비의 일상에 가장 가까이 있는 것은 아무래도 책상 앞 필기구이다. 그래서 예전부터 이들 친구에 대해 선비들은 이런저런 별명을 지어 부르곤 했다. 각별한 존재에게는 언제나 애칭이 따라붙게 마련이니까. 벼루의 별명은 '즉묵후卽墨侯', 그러니까 즉묵에 봉해진 제후이다. 이는 당나라 문인 문숭文嵩이 벼루를 의인화하여 지은 「즉묵후석허중전卽墨侯石虛中傳」에서 유래한 것인데, 송나라 소이간蘇易簡의 『문방사보文房四譜』 중 「연보硯譜」에 이 내용이 실려 있다. 이 글에 따르면 벼루의 이름은 석허중石虛中이고, 자는 거묵居默이며, 남월南越 고요현高要縣 사람이란다. 은둔하여 출사하지 않아 물어물어 찾아가서 단계端溪에서 만나 볼 수 있었단다. 참고로 벼루는 돌 가운데가 비어 물을 머금을 수 있는 모양이고, 돌로 만들어 무게 있고 조용하며, 단계는 유명한 벼루 산지로 중국 광동성 고요현 동남쪽 난가산爛柯山에 있다. 임금이 석허중의 쓰임은 이로우면서 행동은 둔중해서 조심스럽고 말이 없음을 가상히 여겨 항상 옆에서 시중들면서 글 쓸 일을 대비하게 하였고, 이런 공적을 높이 사 즉묵후에 봉했다고 한다. 별명뿐만 아니라 그 내력을 정리해서 넘치는 재치로 이만한 족보쯤은 마련해 주어야 진정 애호하는 사물이라고 할 수 있겠다.

항상 벼루에 먹을 갈아 놓아야 언제든 글을 쓸 수 있다. 매일 매일 벼루에 먹을 갈아 항상 글을 연습하는 것을 '문예의 밭을 날로 넓히다.'라고 표현하다니, 그 운치가 벼루를 즉묵후에 봉한 이야기에 버금간다. 지금은 펜도 아니고 컴퓨터로 글을 쓰는 시대이다. 이것저것 하며 일상을 살다가 글 쓸 일이 있을 때 문득 컴퓨터를 켜고 모니터 화면 속 커서를 바라보며 글쓰기를 시작한다. 컴퓨터는 갑작스럽게 켜지고 커서는 매 순간 깜박인다. 순식간에 마련된 글쓰기의 장場 앞에서 머릿속이 한순간 까매진다. 내 마음과 머리는 아직 컴퓨터처럼 재빨리 부팅되지 않았기 때문이다. 글을 쓰기 위해 한참 동안 벼루에 먹을 갈아야 했던 선비를 떠올려 본다. 고요히 먹을 가는 동안 머리를 정리하고 마음을 다잡은 선비에게 펼쳐 놓은 종이는 조금은 덜 낯설게 보였을 것이다. 그 까만 먹물에 차분히 붓을 적셔 천천히 써 내려가면 그만이었을테니 말이다. 매일 글을 넓히고 생각을 웅숭깊게 해서 풍성한 문예의 가을을 선물하던 벼루의 덕을 잠잠히 곱씹어 본다.

바둑판을 깎아 만든 책상

찬연하게 빛나는 서적들이여	黃卷之粲然兮
이것들이 진실로 나의 짝이라네	是眞我儔兮
하얗게 세어 버린 백발이여	白髮之皤然兮
다른 것 다시 무얼 더 구하리오	他復何求兮
두렵게도 날은 저무는데 갈 길이 머니	懍日暮而道遠兮
오로지 이것만이 걱정이라네	唯此其憂兮
더욱더 노력하여 늙는 것도 잊으리니	尙俛焉而忘老兮
죽고 난 뒤에나 그만두리로다	死而後休兮

윤증 尹拯 1629~1714, 「방안명 方案銘」, 『명재유고 明齋遺稿』

지은이 윤증의 아우 윤추尹推에게는 비자나무로 만든 좋은 바둑판이 하나 있었다. 사촌인 윤진尹搢에게서 선물받은 것이었다. 윤추는 이것을 곁에 두고 한가할 때나 손님이 찾아올 때 여기에 바둑을 두며 즐거운 시간을 보내곤 했다. 어느 날 윤증이 아우를 찾아갔는데, 여느 때와 달리 바둑판을 내오지 않았다.

"오늘은 바둑 안 두나?"

윤추가 웃으며 대답했다.

"바둑판은 있지만 이제 바둑 못 둬요."

"응? 왜?"

"형님 앞에 있는 책상, 그게 그 바둑판이에요."

그러고 보니 네모반듯한 것이 이전에 봤던 바둑판이다. 다만 바둑판 눈금이 없어졌을 뿐. 의아해하는 형님 얼굴을 보고 윤추가 다시 빙긋 웃는다.

"문득 이게 웬 시간 낭비인가 하는 생각이 들어서요. 바둑 때문에 공부를 미룬 게 한두 번이 아니거든요. 그런데 선물받은 것이기도 하고 워낙 좋은 나무로 만든 것이기도 해서 아주 없애 버리거나 남 주기는 또 좀 그렇더라고요. 그냥 각인된 눈금을 갈아 버리고 책상으로 쓰면 어떨까 싶어 이렇게 만들었어요. 막상 책상으로 쓰고 보니, 눈금을 갈아 버리자고 결심하던 때의 각오를 매번 새롭게 다지게 되어 마음이 더 반듯해지는 장점까지 있네요."

기특한 마음이었다. 이렇게 학문에 정진하고자 하는 동생을 보니, 송나라 유학자 정이 선생에게 늙어서도 배우기를 좋아한다고 큰 칭찬을 받았던 여대충呂大忠이 떠올랐다. 정이 선생은 나이 들어 배우는 그의 모습이 젊은이가 공부하는 모습보다 사랑스럽다고 말하곤 했다. 정이 선생이 동생의 이런 마음과 행동을 보았다면 분명히 크게 칭찬하셨으리라! 윤증은 여대충을 높이 샀던 정이 선생의 마음으로 동생의 이 용기를 가상히 여겨 이 책상에 대한 명을 짓게 되었다.

바둑은 선비들의 오락거리였다. 지금은 바둑의 자리를 컴퓨터 게임과 스마트폰 게임이 대신하고 있다. 컴퓨터가 일상을 지배하면서 사람들에게서 책을 보고 사색할 시간을 가져가더니 스마트폰이 나타나서 결정타를 날렸다. 늘 가지고 다닐 수 있는 것이 스마트폰의 장점이자 단점이다. 이제 세상은 바야흐로 내가 스마트폰인지 스마트폰이 나인지 모를 지경에 왔다. "아무리 젊어도 늙는 건 순식간이고 학문은 성취하기 어렵다.少年易老學難成"라는 고루하지만 수긍할 수밖에 없는 말이 있다. 무엇을 선택하든 그 분야를 넓고 깊게 해서 전문가가 되고, 그런 학문적 성장과 함께 자기 자신의 인격까지 성숙하게 가다듬는 것은 평생 노력해도 쉽게 이루어지지 않는 일이다. 경험도 좋은 스승이 되지만 그것만으로는 한계가 있다. 아무리 넓게 경험하며 살겠다고 결심해도 몸이 고작 하나뿐이기 때문이다. 그래서 여러 사람의 다종다양한 경험과 생각을 담은 책이 필요하다. 책을 통해 타인과 세계를 배우며 자기를 확장해 갈 수 있다.

게임도 하고 쉬기도 해야겠지만, 게임이 가져가는 시간을 냉정하게 따져 볼 필요도 있겠다. 나중에 도저히 못 참고 게임 앱을 다시 깔게 되더라도, 일단은 윤추처럼 냉정히 자기 생활을 돌아보고 기꺼이 스마트폰 게임과 컴퓨터 게임을 초기화하는 결단을 내려 보는 건 어떨까? 누군가의 압력에 눌려서가 아니라 스스로 반성한 결과로 말이다.

검은 먹에게 바치는 찬가

종이는 흰빛	紙也素
네가 물들이면 검어지지	汝漬之而黑
붓은 노란빛	筆也黃
네가 적시면 검어지지	汝濡之而黑
흰빛은 군자가 숭상하는 것	素是君子攸尙
노란빛은 천지의 바른 색	黃爲天地正色
그럼에도 네가 있어야 공을 이루니	猶且待汝而成功
그 검은빛은 정말이지 최고라네	其黑不可及也

채제공蔡濟恭 1720~1799, 「**묵명**墨銘」, 『**번암집**樊巖集』

군자가 숭상하는 종이의 흰빛과 천지의 바른 색이라는 붓의 노란빛은 둘 다 고귀하기 그지없는 색이다. 그러나 종이는 종이 그대로만 가치가 있을 수 없고, 붓도 역시 붓 자체로만 가치가 있을 수 없다. 종이는 그 위에 무엇이 쓰이는가에 따라 가치가 올라가고, 붓은 종이 위에 글을 쓸 때 얼마나 부드럽게 잘 글자를 표현해 내느냐에 따라 가치가 결정된다. 검은빛이 덧입혀지지 않으면 둘 다 몸값이 올라갈 수 없다.

그러나 검은빛은 통상 사람들이 아름답게 여기는 빛이 아니다. 어둡고 그늘진 색이고, 때가 타고 먼지로 찌든 색이기 때문이다. 그래서 고시조에서도 흰빛은 숭고한 것으로, 검은빛은 타락한 것으로 묘사되어 까마귀가 애꿎은 욕을 먹곤 했다. 타락한 검은빛을 경계해야 한다고 말하기 위해 까마귀와 백로의 예를 들었기 때문이다.

까마귀 노는 곳에 백로야 가지 마라.
희고 흰 깃에 검은 때 묻힐세라.
진실로 검은 때 묻히면 씻을 길이 없으리라.

까마귀 싸우는 곳에 백로야 가지 마라.
성낸 까마귀들이 너의 흰빛을 시샘하나니
맑은 물에 깨끗이 씻은 몸을 더럽힐까 하노라.

첫 번째 시조는 이시李蒔가 광해군 때에 동생이 조정에서 벼슬하는 것을 말리기 위해, 두 번째 시조는 정몽주鄭夢周의 어머니가 아들이 이성계李成桂를 문병하러 가는 것을 말리기 위해 지었다고 한다.

확실히 흰색과 검은색이 함께 있을 때 피해를 보는 쪽은 흰색이다. 흰색으로 인하여 검은색이 하얗게 되지는 않지만 검은색이 조금이라도 튀면 흰색은 바로 표가 나기 때문이다. 그렇다면 숭고한 색이 타락한 색을 피해 살아야 할까? 먹을 받아들이지 않는 종이와 붓은 무가치하다. 세상을 모르고 세상을 바꿀 수는 없는 일이다. 다만 검은색이 무질서하게 번져 나가지 않도록 활용할 줄 알면 된다. 천지의 이치를 알고 있는 지식인들이 자신의 온몸에 먹을 묻혀 사람들에게 아름답고 따뜻하고 정의롭고 지혜롭게 세상을 풀어낼 수 있게 한다면 검은색은 흰색과 노란색을 더욱 찬란하게 해 주는 빛깔이 될 것이다.

먹 자체는 가치 중립적이다. 글을 모르는 이나 아이의 손에 먹이 들어간다면 붓도 종이도 더럽혀지기만 할 뿐이겠지만 글을 알고 깊은 생각을 글로 풀어낼 줄 아는 이의 손에 들어간다면 많은 이를 감동시키고 세상을 살기 좋은 곳으로 변화시키는 공을 이룰 수 있다. 제대로 활용할 줄 아는 이의 손 안에서 먹은 붓의 가치도 종이의 가치도 극대화한다. 그야말로 최고의 검은빛이 되는 것이다.

다만 먹을 제대로 활용하려는 자에게는 엄청난 노력이 필요하다. 붓을 제대로 쓸 줄 알고 종이 위에 훌륭한 결과물을 내놓을 때까지 부단한 연습을 거쳐야 한다. 사람을 통해 세상이 정화되지만 세상은 절대 녹록지 않다. 무질서하게 번져 나가는, 그래서 활용하기 어려운 먹의 오명을 다 뒤집어쓰고도 수없이 다시 일어서려는 노력을 통해서만 그 검은색을 길들일 수 있는 것이다.

3.

역사의 길목,
세상의 표정

나라에

고정된 운명은

없다.

인물에 따라

큰 폭으로

부침한다.

버리면 돌, 쓰면 그릇

버려지면 돌	捨則石
사용하면 그릇	用則器

권필 權韠 1569~1612, 「고석당명 古石鐺銘」, 『석주집 石洲集』

이 짧은 명에는 사연이 있다. 지은이 권필의 집 여종이 어느 날 밭을 일구다가 단단한 흙더미 같은 것을 발견하였다. 그냥 부스러지는 게 흙 같기도 하고 동글동글한 게 그냥 흙덩이는 아닌 것 같기도 해서 이리저리 살펴보다 톡톡 쳤더니 돌소리가 났다. 흙을 파내고 묵은 이끼를 벗겨 내고 보니 작은 돌솥이었다. 자루는 세 치 정도였고 용량은 두 되 남짓이었다. 모래로 문지르고 물로 씻어 깨끗이 하고 광택도 내었더니 꽤 귀엽고 동글동글한 것이 제법 마음에 들었다. 그래서 자리 곁에 두고 차와 약을 달이는 도구로 삼았다. 이따금 돌솥과 둘이 있을 때는 손으로 어루만지며 재미 삼아 말을 건네기도 했다.

"돌솥아, 돌솥아. 하늘이 너를 이 땅에 돌로 태어나게 해서 돌로 살아간 지가 몇 해나 되었니? 또 솜씨 좋은 석공이 다듬어 솥으로 만들어서 인가에 사용된 지는 몇 해나 되었고? 그럼 또 흙 속에 파묻혀 얼마나 오래 세상에서 쓰이지 못하다가 이번에 내 손에 들어온 거니? 아! 세상의 여러 사물 중에서도 돌은 참 별것 아니고 둔한 것인데, 이마저도 운이 따라야 세상에 드러나고 운이 따르지 않으면 잊혀져 파묻히는구나! 그렇다면 가장 귀하고 가장 신령한 사람의 경우야 더 말할 필요 없겠지."

한낱 돌도 가치를 알아주는 사람의 손에 들어가면 그릇이 된다. 설사 그릇이 되었다 해도 어느 날 갑자기 버림받아 세상에서 잊히게 될지 모른다. 하지만 어느 날 또다시 다른 운수를 만나면 다시 세상에 얼굴을 내밀게 될 수도 있고, 심지어 이렇게 사랑을 받으며 글쟁이의 방 안에서 함께 지내며 멋진 글도 선물 받을 수 있다.

권필은 이 글을 1595년선조28 정월에 썼다. 그러니까 명나라와 일본이 임진왜란을 끝내기 위한 협정을 진행하고 있을 때로, 이즈음 온 나라 사람들은 이제까지 겪어 본 적 없는 위기에 처한 조정이 협상권마저 잃은 모습을 보며 무능함에 치를 떨고 있었다. 나라가 위기에 놓이면 조정에 인재가 있는지를 먼저 묻게 된다. 위기를 돌파할 힘은 결국 사람에게서 나오기 때문이다. 파묻혀 있다 발견되어 자신의 차도 끓이고 약도 달이는 도구가 된 돌솥을 보고 있자니 어느 궁벽한 시골에서 좋은 인재가 썩고 있는 건 아닌지 새삼 걱정스러운 생각이 들었을 것이다. 세상이 좋은 운수를 만나 태평하여도 인재가 다 나오기 어려운데, 세상이 어려운 운수를 만나 혼란하니 인재가 어느 길로 세상에 나온단 말인가? 어지러운 세상일수록 훌륭한 인재가 필요하지만 그 어지러운 세상은 인재를 등용할 정당한 길을 막아 버리니 어디서 돌파구를 찾아야 하나?

권필은 정철의 문인으로, 동료 문인의 추천으로 제술관製述官이 되고, 또 동몽교관童蒙敎官에 임명되었다. 그러나 워낙 성격이 자유분방하고 매이는 것을 싫어해 끝내 관직에 나아가지 않고 강화에 머무르며 유생들을 가르쳤다. 또한 강개한 성품을 지녀 임진왜란 때는 주전론主戰論을 펼쳤고, 광해군 때는 임금의 잘못을 풍자하고 비난하는 시를 썼다가 해남에 유배되는 처벌을 받기도 했다. 그리고 그 유배길에 나서던 중 행인들이 불쌍한 마음에 주는 술을 폭음하다가 이생에서의 삶과 영영 작별하고야 말았다. 지은이 자신도 세상의 운수와 잘 어울리는 인물은 아니었던 셈이다. 구속받기 싫어한 성격이 관직 진출에 장애가 되었으니, 그가 관직에 올랐더라면 찾아내 추천하였을 많은 인재가 여전히 흙 속에 묻혀 있었고, 그가 세상을 향하여 무언가를 외쳤을 때는 강경한 방식이 세상의 반감을 사서 그 자신이 땅속에 묻힌 돌이 되어 버렸다.

"버려지면 돌, 사용하면 그릇" 이 짧은 두 줄이 내포한 현실은 참으로 만만찮은 무게. 세상의 운수와 나의 운수가 딱 맞아떨어지는 건 좀체 오지 않는 행운. 그러니 오늘 작은 일이라도 이루었거든 세상의 모든 기쁨이 다 내게로 찾아온 듯 넉넉히 기뻐하기를!

베개로 수복을 빌어 본들

선을 행하면 복을 받고　　　爲善斯福
인을 행하면 장수하는 것　　　行仁斯壽
이 베개 좀 베고 잔다고　　　惟玆之枕
어찌 도움 받을 수 있으랴　　　何能有佑

김낙행 金樂行 1708~1766, 「**수복침명** 壽福枕銘」, 『**구사당집** 九思堂集』

지금은 대개 베개라고 하면 푹신하고 등과 목의 곡선을 조금 넘는 높이이지만, 예전 베개는 주로 원통이나 직사각통 같은 모양으로, 푹신하기보다 딱딱한 편이었고 높이도 상당한 편이었다. 그러다 보니 양옆의 막음새 부분 면적이 넓어 그곳에 장식을 하는 경우가 많았다. 바로 거기에 이 명의 원제목처럼 '壽수' 자나 '福복' 자를 새겨 넣곤 하였다. 오래 살면서 많은 복을 누리는 삶을 기원하고 소망한 것이다. 우리네 조상들은 의학, 과학 등이 발달하지 않아서 불운을 통제할 능력이 거의 없던 시대에 기약할 수 없는 인생을 살아 내는 동안 장식 하나도 허투루 지나가는 법이 없었다.

어느 날 잠자리에 들려고 이불을 들추고 베개 자리를 잡던 지은이 김낙행의 눈에 베개 양 옆면에 수놓은 '수' 자와 '복' 자가 들어왔던 모양이다. 그는 가만히 바라보다가 '피식' 자조 섞인 미소를 띠며 이렇게 내뱉었을 것이다. "이런 글자 좀 새겨 놓는다고 장수하고 복 받는다면 그리 못 할 사람이 세상에 어디 있을까?"

김낙행의 인생을 돌아보면 이런 반응이 당연하기도 하다. 그의 아버지 김성탁金聖鐸은 문장으로 이름도 높았고, 의기도 높아서 이인좌李麟佐의 난 때는 의병을 일으켰으며, 과거에 급제한 뒤로는 사헌부와 홍문관에서 언로를 맡은 신하의 책임을 다했다. 하지만 1737년영조13 스승 이현일李玄逸을 신원해 달라는 상소를 올렸다가 영조의 노여움을 사서 제주도로 유배되었다. 이듬해에 전라도 광양으로 이배移配되었는데, 끝내 처벌이 풀리지 않아 10년 뒤에 유배지에서 죽음을 맞이했다.

이현일의 억울함은 숙종의 변덕 혹은 시대와 관련되어 있었다. 이현일은 영남 사림士林의 거두로, 1689년숙종15 인현왕후가 폐위된 뒤에 상소를 올린다. 정식으로 예를 다해 맞이한 왕비였으니 폐위하더라도 임금이 최선의 은혜를 보여 주어야 할 것이라면서 이궁離宮의 별관에서 거처하게 하고 수위守衛를 엄격하게 하며, 물자가 부족하지 않게 살펴 주어야 한다고 주장하였다. 인현왕후는 노론이었으니 인현왕후를 예우하라고 말한 부분은 반대파 남인南人 쪽에서 보자면 인현왕후를 비호한 것이고, 폐위를 인정하고 있는 부분은 노론 쪽에서 보자면 인현왕후에게 무례를 범한 것이었다. 즉 붕당朋黨의 입장에서 볼 때 어느 쪽도 설득할 수 없는 애매한 내용이었던 셈이다. 숙종 때의 잦은 환국換局, 그리고 영조가 노론의 지원을 받아 왕위에 오른 것을 생각한다면 그 상황에서의 최선을 말한 이현일의 주장은 결국 화를 입는 것으로 귀결될 운명이었다.

김낙행은 아버지의 유배가 결정되었을 때 한창 나이인 30세였다. 그는 아버지를 따라나섰고 내내 곁을 지켰다. 그리고 평생 벼슬하지 않았다. 선비는 결과에 흔들리지 않고 옳은 것을 옳다고 말하는 사람이다. 옳다고 믿은 것을 옳다고 하다가 아버지와 아버지의 스승이 불운을 겪었다. 장수하지 못하고 복을 누리지 못한다 하더라도 선을 행하고 인을 행하는 것이 배운 사람이라면 선택해야 할 길이었다. 유배지에서 10년을 보낸 지은이가 세상에 화도 나고 운명이 비관되기도 하던 어느 밤 문득 베개를 물끄러미 보며 자신을 다잡는 모습이 눈앞에 그려진다.

붉은 먹을 가는 벼루

벼루란 검은 먹 가는 것인 줄로만 내 알았는데	硯吾知其磨墨
때로는 붉은 먹을 갈 때도 있나니	有時乎研朱
검은 것만 받드는 유자儒者 아님을 알겠네	盖曰非尙玄之儒

황현黃玹 1855~1910, 「**주연명**朱硯銘」, 『**매천집**梅泉集』

'벼루' 하면 검은빛이 떠오른다. 벼루도 검고 거기에 가는 먹도 검어서 쓸수록 더 검어지기 때문이다. 그러나 먹 중에는 붉은 먹도 있다. 글씨를 쓸 때는 검은 먹을 사용하지만 글자를 고치거나 표시를 하거나 장부 정리 등등 눈에 확 띄게 효율적으로 처리해야 할 때 붉은 글씨가 필요했고, 그럴 때는 붉은 먹을 썼다. 붉은 먹을 쓰자면 붉은 먹을 갈 벼루가 필요하다. 내내 검은 먹을 갈아 왔던 벼루를 씻어 붉은 먹을 갈 수는 없다. 색이 섞이기 때문이다. 붉은 먹 전용 벼루가 따로 있어야 한다.

붉은 먹 전용 벼루는 일반 벼루들 사이에서 아무래도 눈에 띈다. 통념과 다르기 때문이다. 보편이 아니어서 눈에 띌 뿐이다. 어울려 사는 데는 보편이 좋을지 모르지만 정답은 아니다. 대세에 자신을 맞추어 출세하기 위해서가 아니라 중론衆論과 상관없이 스스로 선택할 수 있는 기준을 갖기 위해 우리는 배움에 몸을 담는다. 치열하게 고민해서 삶의 방향을 설정하고 방향과 맞지 않다면 아무도 가지 않은 험한 길도 마다하지 않을 용기가 배운 자의 양심일 것이다.

지은이 황현은 남다른 총명함을 지녔으나 조국의 몰락을 온몸으로 겪어야 했던 인물이다. 처음 보았던 과거 초시初試 초장初場에서 수석을 차지했으나 시골 출신이라는 이유로 성적을 조작당해 2등으로 내려앉아야 했다. 분노하고 실망한 그는 벼슬길에 대한 생각을 접으려 했지만 아버지의 강권으로 다시 생원生員 회시會試에 응시했고, 또 수석을 차지했다. 이런 머리 좋은 인재를 권세가들이 어찌 탐내지 않았겠는가. 지금 세상도 그렇지만 뒷배가 대단하지 않은 집안의 뛰어난 인재에게는 언제나 유혹의 손길이 넘쳐 나는 법이다. 황현이 조금이라도 야망을 품었다면 줄을 타고 출셋길에 오르는 건 일도 아니었을 것이다. 그러나 그는 검은 먹을 받아들이는 벼루가 되지 못했다. 고향으로 돌아가는 그를 꾸짖는 친구에게 이런 말을 남겼다. "자네는 어찌하여 나로 하여금 도깨비 나라 미친 사람 무리 속으로 들어가서 똑같이 도깨비, 미치광이가 되게 하려는가?"

배웠다는 이유 하나만으로 그는 망해 가는 나라를 온몸으로 아파했다. 학자요 문장가로서 조국이 도깨비의 나라에서 국권을 잃어버린 나라로 추락해 가는 모습을 『매천야록梅泉野錄』과 『오하기문梧下記聞』에 기록해서 후세에 남겼다. 글 아는 사람 노릇 어렵기만 하다고 말한 그는 "8월 22일, 합방 조약을 정하였다.定合邦條約"라는 문장을 마지막으로 더 이상 『매천야록』를 기록하지 못한다. 위태하기는 해도 설마 했으나 500년을 이어 온 나라가 멸망했기 때문이다. 조선은 성리학의 나라였다. '의義'와 '충忠'은 조선의 국시國是였다. 조선의 모든 선비들은 의와 충으로 교육받았다. 그러나 망국 앞에서 그는 의와 충으로 나라를 지키는 정치인도 학자도 볼 수 없었다. 마침내 그는 다음과 같은 유언을 남기고 스스로 목숨을 끊어 조선의 마지막 선비를 자임한다.

"나는 죽어야 할 의리는 없다. 다만 국가에서 선비를 길러 온지 500년이 되었는데, 나라가 망한 날을 당해 한 사람도 국난國難에 죽는 자가 없다면 어찌 통탄스러운 일이 아니겠느냐. 내가 위로는 하늘로부터 타고난 양심을 저버리지 않고, 아래로는 평소에 읽은 글을 저버리지 않고 영원히 잠든다면 참으로 통쾌함을 느끼리라. 그러니 너희들은 너무 슬퍼하지 말거라."

붉은 먹 받아 주는 벼루에서 그의 아픔을 읽는다.

중용, 벼루가 보인 도

단단하면 받아들이지 않고	剛不受
무르면 쉽게 닳아 버리거늘	柔易磷
그 중용을 얻어	得其中
이에 보배가 되었구나	乃爲珍
돌인데도 그러하거늘	石而然
하물며 사람임에랴	況於人

한장석韓章錫 1832~1894, 「**연명**硏銘」, 『**미산집**眉山集』

벼루의 용도는 먹을 가는 것이다. 먹물은 맑고 빛이 좋아야 하는데, 그러려면 먹도 벼루도 좋아야 한다. 돌이 너무 단단하면 먹이 잘 갈리지 않고, 돌이 너무 무르면 쉽게 닳아 벼루가 얇아진다. 몸체는 둔중하지만 입자는 가벼워야 먹도 잘 갈리면서 벼루 자체의 수명도 길어진다. 결국 중용中庸이 중요한 것이다.

'중中'이란 중심, 균형, 적합성, 적절성을 뜻한다. 그리고 '용庸'은 '쓰다用'의 뜻으로 평상적으로 항상 사용하는 것, 습관이나 조율된 행동이 계속되는 것을 의미한다. '중'이 되어야만 '용'을 할 수 있다. 균형이 잘 잡히고 적절하게 조율된 것이라야 일상적으로 늘 사용할 수 있다는 말이다.

과유불급過猶不及이란 말이 떠오른다. 어느 날 자공子貢이 동학들의 자질에 대해 공자에게 물었다.

"자장子張과 자하子夏 중에 누가 더 뛰어난가요?"

"자장은 지나치고, 자하는 도달하지 못했지."

"그러면 자장이 더 나은 건가요?"

"지나친 건 도달하지 못한 것과 같네. 거기서 거기란 말이지."

우리는 때로 지나친 것이 모자란 것보다는 나을 것이라 생각한다. 그러나 균형점에 도달하지 못하면 그게 그것이다. 어차피 한쪽으로 치우쳐 있어 지속하다 보면 문제가 발생하기 때문이다. 그러나 균형점이 항상 중앙인 것은 아니다. 맹자는 무조건 중간만 선택하던 자막子莫에 대해 그것 또한 극단이라고 평가했다. 확고한 기준을 갖되 거기에 교착되지 않고 때와 상황을 살펴 가장 적절한 균형점을 찾아 위치하는 것을 유학에서는 매우 중요하게 여긴다. 그래서 맹자는 공자를 일컬어 '시時를 구현한 성인聖人'이라고 했다.

문제는 이 중용의 원리가 원칙 있게 적용되기가 매우 어렵다는 것이다. 세상이 혼탁하면 기준 자체를 잡기 어렵기 때문에 균형 감각은 때로 '귀에 걸면 귀걸이 코에 걸면 코걸이'가 될 수 있다. 지은이 한장석도 사실 이 함정에서 자유롭지 못했다. 그는 앞서 본 「붉은 먹을 가는 벼루」의 지은이 황현이 보거과保擧科에 응시할 때 시험관이었다. 황현이 초시 초장에 장원을 차지하자 시골 출신이라는 이유로 2등으로 등수를 바꿔치기한 장본인이 바로 한장석이었다. 세도 정치가 시작된 지 이미 오래인지라 나라의 각계각층은 이미 손써 볼 수 없이 타락한 때였다. 정도正道의 '정' 자가 자취를 감춘 나라에서 스스로 바른 기준을 확립하고 정계에 입문한다는 것은 거의 불가능한 일이었을 것이다.

기준이 확립되어 있지 못할 때 상황을 파악해서 균형을 잡겠다는 발상은 매우 위험하다. 그것은 균형이 아니라 합리화일 확률이 매우 높기 때문이다. 벼루를 보며 중용을 떠올린 이 글은 깔끔하고 아름답다. 그러나 역사에 남은 지은이의 삶이 중용의 어려움을 실감하게 하여 씁쓸하다.

연적에게 배우는 삶의 품위

넉넉하게 가지고	富其有
적절하게 사용하네	適其用
고요함을 지켜	守其靜
움직임을 삼가네	愼其動

조긍섭曺兢燮 1873~1933, 「연적명硯滴銘」, 『암서집巖棲集』

글을 쓰려면 항상 벼루에 물을 담고 먹을 갈아 먹물을 내야 했던 예전에는 책상 위에 물도 항상 비치해 두었다. 먹물이 다할 때마다 물을 뜨러 방 밖으로 왔다 갔다 하는 건 참으로 번거로운 일, 그래서 연적이라 부르는 도자기로 만든 작은 통에 물을 담아 벼루 옆에 두었더랬다. 이 명에는 그런 연적이 갖추고 있는 덕이 잘 묘사되어 있다. 항상 물을 담고서 필요할 때를 대비하고 때가 되면 적절하게 사용될 뿐, 평소에는 주로 고요하게 자리를 지키고 움직임을 신중하게 한다. 이런 연적의 덕은 선비가 수양해서 지녀야 할 인품과 여러모로 통한다.

넉넉하게 갖추어 놓지 않으면 때가 와도 쓰일 수 없다. 넉넉하게 갖추어 놓았어도 적절한 때에 적합한 일로 쓰일 줄 알아야 자기의 쓰임을 다할 수 있다. 넉넉하게 갖추기 위해서는 고요해야 하고, 넉넉하게 갖추고도 고요함으로 자신을 삼갈 줄 알아야 한다. 넘침도 모자람도 없이 알맞게 쓰이기 위해서는 움직임을 신중하게 해야 하고, 움직임이 신중해야 알맞게 쓰이고 있는지 자신을 돌아볼 수 있다. 학문과 인품을 닦아 세상을 위해 일해야 하는 지식인이 갖추어야 할 덕이 또한 이와 같다.

지은이 조긍섭이 살았던 시대는 애석하게도 조선 말기였다. 그는 나라가 망하는 모습을 지켜보았다. 1910년 국권 피탈 이후 그는 두문불출杜門不出하면서 학문에 정진하고 후학을 양성하는 일에만 전념했다. 호가 속세를 떠나서 산속에 숨어 산다는 뜻의 '암서巖棲'인 것도 시대의 슬픔과 무관하지 않으리라. 국권 피탈 이듬해 그는 「가난한 생활을 하는 것에 대한 해명居貧解」이라는 글을 썼다. 운명을 알고, 기운을 안정시키며, 옳음을 변별할 줄 알면 가난한 생활을 오랫동안 영위할 수 있다며 가난한 생활을 할 수 있는 방법을 제시하는 것으로 시작하는 이 글에서 그는 배운 사람이 가져야 할 삶의 자세에 대해 이렇게 역설한다.

지성인이라면 "터럭만큼이라도 도덕을 손상하는 일은 언덕과 산처럼 큰 이익을 얻게 된다 하더라도 하지 않는다. 산처럼 큰 도덕을 손상하면서 터럭 정도의 이익을 다투는 자로 말하자면 미치고 현혹되어 본마음을 잃어버린 사람이 아니고 무엇이겠는가.……실성한다는 것이 꼭 미쳐서 날뛰면서 마구 소리를 질러 댄 다음에야 비로소 실성했다고 하는 것은 아니다. 환난과 빈천으로 옮겨 간 것 때문에 혹 시름하다가 자신의 모습을 바꾸고, 혹 좌절하다가 자신이 지키던 것을 잃어버리는 것이 모두 실성한 것이다."

망한 나라에서 선비는 '때'를 얻을 수 없는 운명이다. 그러니 기운을 안정시켜 가난을 받아들이려는 뜻을 단단히 다져야 한다. 그렇게 해도 미련이 남거든 배운 사람이면 배운 사람답게 자신이 얻으려는 부가 '옳은' 것이냐를 냉정하게 따져서 스스로를 설득해야 한다. 이것을 해내지 못하고 세상에 부화뇌동附和雷同하면 '실성'한 사람이 되는 것이다. 그 글의 말미에서 그는 옳지 않은데 합리화하는 그 사사로움을 스스로 편안해하는 세상 사람들에 대해 한탄했다.

작은 연적도 자신의 가치와 쓰임을 알고 무겁게 움직일 줄 알아 품위를 잃지 않고 글 쓰는 이의 벗이 된다. 그러나 지은이가 한탄했던 세상의 사람들을 나 또한 안타까워할 자격이 있는지는 모르겠다. 한 줌의 희망도 보이지 않는 엄혹한 시대에 태어났더라도 옳음을 좇아 세상으로부터 기꺼이 버려져 배운 자로서의 품격을 지킬 수 있었을지 아무리 생각해도 자신이 없다. 배우기 시작하는 건 별것 아닌지 모르지만 배우고 나면 배운 자답게 살아야 할 의무를 갖게 된다. 배운 자답게 사는 건 보통 일이 아니다. 제 쓰임과 가치를 알고 그대로 쓰일 뿐 세상에 연연하지 않는 것은 차라리 배운 것을 후회할 만큼 지키기 힘든 덕이다. 그래서 작은 연적의 품위는 결코 작지 않은 것이다.

붓끝에 매달린 선악

너를 잘 사용하면 善用汝
천인성명과 같은 심원한 이치 天人性命
모두 묘사할 수 있지 皆可以描得
너를 잘 사용하지 못하면 不善用汝
충의와 사악, 흑과 백 같은 양극단 忠邪黑白
모두 뒤바뀌고도 남지 皆足以幻易
너를 처음 만든 이 그 누구인가 刱汝者伊誰
공도 죄도 반반이라 해야 또한 마땅하리라 謂之功罪參半也亦宜

채제공蔡濟恭 1720~1799, 「**필명**筆銘」, 『**번암집**樊巖集』

붓끝에서 생각이 펼쳐진다. 심원한 철학도 붓을 타고 형체를 드러내고, 생각과 가치관도 붓을 통해 이루어진다. 붓을 타고 펼쳐지는 생각이 심원한 철학이기만 하면 얼마나 좋을까. 그렇다면 붓에게는 인류에게 지혜를 나누고 대대로 전한 공만 있을 것이다. 그러나 붓은 생각을 드러내기만 할 뿐 판단력이 없는 도구. 하여 사악한 사람의 손에 들어가면 사악한 것을 토해 내고, 선한 사람 손에 들어가면 선한 것을 토해 내서 세상을 혼란스럽게 만들기도 한다.

지은이 채제공은 정조 때 재상을 지낸 인물이다. 정조 때는 붕당으로 조정이 여전히 시끄럽던 시대였다. 채제공은 비록 실권을 쥔 재상이었지만, 붕당으로는 소수파인 남인에 속해 있었다. 자신을 지지할 세력이 크지 않은 상황에 임금의 지우知遇를 입었으니, 조용하고 싶어도 조용할 수 없는 일상을 겪어야 했다.

붕당이 나쁘기만 한 건 아니다. 정치적 사안에 대해 서로 다른 주장을 토론하여 더 나은 합의점을 도출해 낼 수 있는 장점이 있기도 하다. 그러나 문제는 그 토론이 '합의'가 아닌 우리 편의 '승리'만을 부르짖는 것으로 변질되어 갔다는 데 있다. 나라와 백성을 위한 최선은 사라지고 서로 죽고 죽이는 생존 게임만 남았다. 당쟁의 변질에는 역대 왕도 한몫하였는데, 광해군처럼 한쪽 당만을 전적으로 지지한다든지, 인조나 영조처럼 한쪽 당의 힘을 빌려 왕위에 올랐기 때문에 즉위 이후 그 당에서 자유로울 수 없다든지, 숙종처럼 자기 힘을 확보하기 위해 이 당을 들어 저 당을 치고 저 당을 들어 이 당을 친다든지 하면 각 당은 건강하게 경쟁할 수가 없게 된다.

붕당은 정치적 의견에 따라 형성되는 게 아니라 학파에 따라 형성된 당이라는 특성을 갖는다. 이理와 기氣에 대한 철학적 논쟁, 상복喪服에 관한 예학禮學 논쟁 모두 붕당과 깊이 관계되어 있다. 이런 논쟁은 학술적 논쟁이면서 동시에 가치관에 대한 논쟁이고 정치적 논쟁이므로 양쪽 다 옳을 수는 없다. 한쪽이 옳으면 한쪽은 그른 게 된다. 너희 생각은 그렇고 우리 생각은 이렇다라는 식의 다양성이 인정되는 논의였다면 좋겠지만 그렇지 않았다. 당파적 이익만이 아니라 생사까지 맞물려 들어가 논쟁은 참으로 극렬하게 진행되었다. 당파가 다르면 선악도 달랐다. 이 당의 충신이 저 당에서는 역적으로 불렸다.

그런데 이 모든 전쟁이 붓으로 치러졌다. 양극단이 붓끝에서 갈렸다. 선이 악이 되고 악이 선이 되는 붕당 간 전쟁에 채제공은 지쳤고 염증을 느꼈을 것이다. 스스로 판단하지 못하는 붓이 선을 악으로 바꾸기도 했고 악을 선으로 바꾸기도 했다. 인간의 욕망이 바른 사유를 해치는 모습을 지켜보고 겪어야 했던 지은이가 괜스레 붓을 탓하는 모습을 보며 그가 느꼈던 시대의 피로를 읽는다. 어찌 붓의 잘못이랴. 인간 스스로 갈지자로 걷고 있는 것일 뿐…….

꼿꼿한 지팡이, 흔들리는 나라

정신이 네 덕분에 상쾌해지고　　精神賴爾而爽
육체가 네 덕분에 되살아난다　　筋骨賴爾而蘇
저 쓰러져 가는 백성과　　彼民之顚躋
위태로운 나라는　　國之抓捏
무엇으로 붙들어야 할거나　　將胡以扶

성현成俔 1439~1504, 「**기명십수**器銘十首」 중 '장杖', 『**허백당집**虛白堂集』

지은이 성현은 세종 때 태어나 세조 때 20대를 지내며 과거에 급제했고, 성종 때 가장 왕성하게 관료 생활을 했으며, 연산군 초기에 고위직을 지내면서 대표적인 저작 『용재총화慵齋叢話』를 저술했다. 66세를 일기로 세상을 떠난 그가 겪었던 임금은 7명, 조선의 황금기에 태어나 20대에는 삼촌이 조카를 죽이고 왕위에 오르는 것을 보았고, 조선이 제도와 문화를 안정시켜 가던 시기에 그 자신도 가장 정력적으로 일했으며, 탄탄할 것만 같던 나라가 단박에 위태로워지는 것을 목도하는 노년을 보냈다. 한순간도 마음을 놓을 수 없는 것이 나라의 안정임을 전 생애에 걸쳐 직접 경험하며 살았던 것이다.

나이 들어 지팡이에 의지해 걸어야 했을 때 그는 연산군 시대를 살았다. 뼈와 근육에 힘이 없어져 혼자서는 걷기 힘들어진 어느 날, 지팡이란 친구의 부축을 받아 산책을 나서니 바깥 공기에 머리가 상쾌해지고 신선한 바람에 온몸의 세포가 다 살아나는 것 같은 느낌을 받았다. 기울어 중심이 잡히지 않던 몸이 지팡이를 의지해 중심도 잡고 이곳저곳 다닐 수 있게 되고 보니, 중심을 잃고 흔들리며 쓰러져 가는 위태로운 나라와 백성이 문득 눈에 들어왔다. 이 백성도 이 나라도 누군가가 지탱해 주어야 하는데…… 이렇게 흔들리게 놔둘 수는 없는데…….

원문에서 '위태로운 나라'의 위태로운이란 뜻으로 쓴 '올날杌捏'이란 단어는 『서경』 「주서周書 진서秦誓」에 보인다. 진秦나라

목공穆公이 지혜로운 신하 건숙蹇叔의 충언을 무시하고 다른 신하의 말에 솔깃해 정鄭나라를 쳤다가 패배하고 난 뒤 뉘우치면서 "나라가 위태로운 것도 한 사람 때문이며, 나라가 영화롭고 편안한 것도 한 사람의 좋은 행실 때문이다.邦之杌隉 曰由一人 邦之榮懷 亦尙一人之慶"라고 했는데, 그때 이 단어를 사용했다. 단어에 얽힌 이야기가 이와 같다면 성현이 이 단어를 나라를 걱정하는 문장에 굳이 사용한 이유를 알 것도 같다. 당시 나라와 백성이 도란에 빠졌던 것은 연산군이란 한 명의 군주가 정사를 잘못한 결과였기 때문이다.

아무리 유구한 역사를 지닌 나라도 지도자 한 명이 잘못 들어서면 속절없이 무너질 수 있다. 유구한 역사는 나라의 지팡이가 되지 못한다. 역사 자체가 나라의 버팀목이 될 수 있다면 한번 강국으로 일어선 나라는 절대 무너지는 법이 없을 것이다. 그러나 나라의 운명은 언제나 '지금', 오늘이 결정했다. 나라의 오늘을 좌지우지하는 힘 있는 사람들이 미래에 대한 안목도 없고 국정에 대한 개념도 없이 사리사욕으로 가득해서 나라와 백성을 오로지 자기와 소수의 소유나 수익 모델로 생각한다면, 그들은 순식간에 국가의 그 어떤 기틀도 다 망가뜨릴 수 있다. 실제로도 그런 사례가 적지 않다. 우리나라 역사와 세계사가 이런 사실을 너무나 잘 말해 주고 있지 않은가!

성현처럼 성군과 폭군을 롤러코스터 타듯 오르락내리락 겪으며 한 사람의 힘을 절감했던 인물은 연산군의 전횡이 무척이나 걱정되었을 것이다. 나라에 정해진 운명이란 없다. 인물에 따라 큰 폭으로 부침한다. 우리는 이제 내 손으로 지도자를 뽑는 시대를 산다. 나라의 운명을 결정할 힘을 평범한 한 사람 한 사람의 손에 쥐고 있는 것이다. 그렇다면 막연한 걱정이나 술자리 훈수를 넘어서서 스스로 공부하고 행동해서 더 책임감 있는 자세로 지도자를 선출하는 것이 나라를 실질적으로 지탱하는 지팡이 역할을 해내는 길이 될 것이다.

일산에 비춰 보는 임금의 덕

그 모양은 둥글고	圓其形
그 빛은 검어라	玄其色
펼치면 여섯이요	散爲六
합치면 하나로다	合爲一
햇볕을 만나면 열리고	遇陽而開
그늘을 만나면 닫히네	遇陰而闔
오직 그 움직임 하늘을 따르니	惟其動以天
이 때문에 만물을 덮을 수 있지	是以能覆物

유성룡 柳成龍 1542~1607, 「**일산명** 日傘銘」, 『**서애집** 西厓集』

일산日傘은 햇볕을 가리기 위해 세우는 커다란 양산으로, 자루가 매우 긴 의장용품이다. 지금의 파라솔과 매우 비슷하다. 다만 그것을 고정시켜 세워 두는 것이 아니라 들고 다닐 수 있는 것이 다르다. 일산의 자루가 긴 것은 그 일산을 드는 사람과 일산의 혜택을 누리는 사람이 달랐기 때문이다. 왕이나 고위 관직자가 외출할 때 해가 내리쬐면 일산을 드는 사람이 예우를 받는 인물의 뒤나 옆에서 일산을 펼쳐 해를 가려 주었다. 비단을 사용해서 여섯 면의 부채꼴을 이어 붙여 만든 일산이 해의 움직임에 따라 펼쳐지고 접히는 것을 보며 지은이 유성룡은 왕의 덕을 떠올렸다. 해와 그 움직임의 궤를 함께하며 만물을 덮어 생장시켜 주는 존재로서의 왕 말이다.

유성룡이 섬겼던 임금을 생각하면 이 명이 조금은 씁쓸하게 느껴진다. 그 임금이 '선조'이기 때문이다. 일본의 움직임이 심상치 않다고, 왜란이 곧 일어날 것이라고 소문이 떠돌고 민심이 요동쳤지만 그는 대비에 소홀하였다. 결국 1592년선조25에 왜란이 발생했고, 그는 전열을 가다듬어 맞서 싸우기는커녕 도망치기에 급급했다. 왕이 궁궐을 버리고 백성을 버리고 어디로 가느냐며 백성들이 길을 막아섰지만 선조는 단호하였고, 북으로 북으로 달아났다. 처음에는 개성으로, 다음에는 평양으로, 또 그다음에는 의주로 도망했고, 마침내 압록강을 건너 명나라 망명을 기도하였다. 분노한 백성들은 궁궐에 불을 질렀고, 평양에서는 선조의 임시 거처 벽에 임금의 행선지를 써서 일본군에게 알려 주기도 했다. 그 와중에 선조는 해전에서 연전연승을 거두며 바다라는 울타리로 조선을 지키고 있던 이순신을 쥐고 흔드는 질투의 행보를 잊지 않았다. 곳곳에서 의병이 일어나 스스로 목숨을 내놓고 나라를 지키는데 선조는 오로지 명나라 군대의 파병에만 관심이 있었다. 이런 주체적이지 못한 모습 때문에 휴전과 종전 협상을, 우리 영토 안에서 조선 조정은 제외된 채로 일본과 명나라가 주도하는 기이한 모습을 연출하기도 했다. 다행히 나라가 망하지 않고 전쟁이 끝나자 그는 전장에서 싸웠던 이들보다 자기를 호위했던 사람들에게 더 높은 공신의 위치를 부여했고, 분조分朝를 이끌고 고군분투했던 광해군을 냉대하고 늦둥이로 얻은 영창대군에게 마음을 쏟음으로써 다음 정권에 화란의 싹을 조성했다.

선조는 조선을 위한 훌륭한 일산이 되지 못했다. 만물이 알맞게 햇볕을 받고 적당히 그늘을 누려 생명을 온전하게 피워 내도록 도와주는 일산이 될 자질도 부족하고 노력도 없었다. 왕은 나라의 울타리에서 소외되는 백성이 없게 살피며, 자기의 나라에서 태어난 사람이면 누구나 자기 삶의 몫을 다하고 이 한세상을 살아가도록 덕을 베푸는 존재이다. 그래서 왕과 백성의 관계를 아비와 자식의 관계에 비유하곤 한다. 물론 주권이 왕에게 있는 왕정 국가에서 왕이 잡히면 나라의 운명도 끝나는 것이니,

임진왜란 때 선조의 도망이 아주 잘못되었다고만 볼 수 없는 점도 있다. 그러나 전쟁에 대처하는, 전쟁의 참화를 겪는 백성을 대하는 그의 자세는 분명 그릇되었다. 자기가 책임져야 하는 품 안의 만물이 모두 죽게 생겼는데, 그는 자기 살길 찾기에만 골몰하였기 때문이다. 일산이 일산 구실을 제대로 하지 못하였기에 지은이는 전쟁에 대한 반성과 앞날에 대한 경계를 담은 『징비록懲毖錄』까지도 그 스스로 써내야 했던 것이리라. 착잡했을 그의 심정을 씁쓸한 마음으로 헤아려 본다.

내가 섬긴 자의 덕

너의 반듯함이여	惟爾之平
내가 형으로 모신다	我以爲兄
너의 곧바름이여	惟爾之直
내가 덕으로 삼는다	我以爲德
물건도 반듯하고 곧바른데	平直其物
사람으로서 어찌 굽힐 것인가	人而何屈
사물을 살펴 자신을 반성하면	察物反躬
천지의 덕과 같으리라	天地其同

이첨李詹 1345~1405, 「**장척명**長尺銘」, 『**동문선**東文選』

장척長尺은 긴 자인데, 각 분야마다 기준이 되는 장척이 각각 있었던 모양이다. 건축에서도 설계하는 건물의 기준이 되는 장척을 만들어 사용했고, 포목점에도 직물을 측량하는 그들만의 장척이 있었으며, 각 고을 수령의 잔심부름을 하는 통인通引도 종이를 자르는 데 사용하는 장척이라는 판자를 따로 가지고 있었다. 세세한 눈금은 없고 일정한 길이로 판자를 잘라 측량의 기준으로 삼았던 도구가 장척인 듯하다.

이렇게 '자'란 측량의 기준이 되는 물건이다. 따라서 수직과 수평에 흐트러짐이 없어야 한다. 맹자는 원을 그리는 자인 컴퍼스規와 직각을 그리는 자인 곱자矩를 예로 들어 기준의 중요성을 강조하곤 하였다. "이루라는 눈 좋기로 유명한 사람의 시력과 공수자라는 뛰어난 손재주를 지닌 인물의 재주를 가지고 있더라도 형태의 기준을 삼을 규구가 없으면 사각형과 원형을 제대로 만들어 내지 못한다. 이와 마찬가지로 요 임금과 순 임금의 자애로운 마음을 가지고 있더라도 인仁을 제도로 구체화하지 않으면 천하를 다스릴 수 없다.離婁之明 公輸子之巧 不以規矩 不能成方員 堯舜之道 不以仁政 不能平治天下"라는 구절이나 "규구는 사각형과 원형을 만드는 기준이요, 성인은 인륜의 기준이다.規矩方員之至也 聖人 人倫之至也"라는 구절 등이 그렇다.

이런 도구는 자기 자신이 바르고 정확하기 때문에 다른 사물을 이루어 줄 수 있다. 지은이 이첨은 꼿꼿함으로 다른 사물이 바르게 만들어지도록 돕는 자를 통하여 자기 자신을 돌아보고 있다. 사물도 저리 꼿꼿한데 사람으로 태어나 어찌 사물만도 못할 수 있겠는가. 내가 먼저 수평과 수직이 바른 사람이 되어야 타인을 도울 수 있고 나라를 도울 수 있다.

실제로 이첨은 고려 말에 관계에 진출해 유학자로서 세상을 바로잡기 위해 애썼던 인물이다. 뛰어난 성적으로 과거에 급제해 공민왕 때부터 나랏일에 뛰어든 그는 신돈辛旽에 대항하다가 좌천되기도 하고, 우왕이 즉위한 뒤에는 이인임李仁任의 친원親元 외교에 반대해 그를 탄핵하다가 10년 간 유배 생활을 하기도 했으며, 이성계의 위화도 회군 이후로는 정몽주와 손잡고 조선 건국파로부터 고려를 지키기 위해 고군분투하다가 다시 유배되기도 했다. 망해 가는 나라에서 신념을 가지고 세상의 기준이 되어 곧고 바르게 살기 위해 나름대로 최선을 다했던 것이다. 그러나 고려는 결국 망했고 조선은 들어서고야 말았다.

그는 당대에 뛰어난 지식과 문장력으로 이름이 높았다. 인재 확보가 시급했던 조선 조정은 건국을 방해한 죄목으로 유배 보냈던 그를 다시 불러올렸다. 이첨은 중책을 맡아 잘 수행했고, 명나라에 사신으로 갔을 때는 조선 왕조의 완전한 인준을 나타내는 고명誥命과 인장印章을 받아 오는 공을 세우기도 했다. 고려를 지켜 내지 못하고 새로 들어선 조선에서 활동해야 했을 때 그의 심정이 어땠을까 생각해 본다. 고려 말까지야 하나의 신념에 맞추어 살 수 있었다지만 새로운 나라가 들어서고 남은 삶이 아직 창창할 때 그의 신념은 자신에게 어떤 의미로 다가왔을까? 삶은 녹록지가 않다. 스스로 꼿꼿할 것을 선택할지 타인과 세상을 이루어 주는 것을 선택할지 장척의 책무는 때로 그렇게 갈리기도 한다.

가야금을 새로 만들고

고아하지도 속되지도 않고　　不雅不俗

옛날식도 요즘식도 아니라네　　匪古匪今

이미 슬이 아닐진댄　　旣非其瑟

어떻게 금이라 말하리오　　孰謂之琴

제작 방식은 쟁과 축에 버금가고　　亞於箏筑之製

그 소리는 아악과 속악의 중간쯤 된다네　　間于韶韎之音

하늘에 올리는 제사와 군신 간 연회에 쓰기는 부족해도

蓋未足薦郊廟而讌君臣

세파에 지친 귀와 답답한 가슴은 씻어 낼 수 있으리라

亦可以洗塵耳而滌煩襟者也

이곡李穀 1298~1351, 「신제십이현명新製十二弦銘」, 『가정집稼亭集』

가야금은 오늘날 '국악' 하면 가장 먼저 떠오르는 대표적인 악기이다. 하지만 예전에는 그렇지 않았다. 우리나라는 음악도 중국의 영향을 크게 받았기 때문에 우리 고유 악기인 향악기는 관청이 아니라 민간에서 주로 사용하며 명맥을 유지하였다. 『삼국사기』에도 그렇게 기록되어 있지만 가야금은 오랫동안 당나라의 악기인 쟁箏을 본떠 만들어졌다고 여겨졌다. 하지만 『삼국사기』 기록보다 앞선 시기에 제작된 신라 시대 토우土偶에 가야금과 비슷한 모양의 악기를 연주하는 인형이 장식되어 있고, 문헌에도 '고'라는 현악기가 남부 지방에서 연주되었다는 기록이 있는 점을 미루어 요즈음은 가야금이 기존의 현악기에 쟁을 참고해서 더욱 발전시킨 악기라고 보는 설이 지배적이다.

이 명에 등장하는 슬瑟, 금琴, 쟁, 축筑은 모두 중국의 현악기이다. 고려 시대에는 당나라와 송나라 연향宴享 음악인 당악唐樂이 악기와 함께 수입되었고, 더 크게는 각종 제례와 궁중 의식에 사용되는 아악雅樂 또한 전래되어 연주되었다. 아악과 당악에는 당연히 향악기를 사용하지 않는다. 그래서 이 글에서도 가야금을 하늘에 올리는 제사와 군신 간 연회에 쓰기는 부족하다고 말하고 있는 것이다.

우리나라 3대 향악기로 거문고, 가야금, 향비파를 꼽는다. 이 가운데 향비파는 그 위상이 거문고와 가야금처럼 이어지지 못했고, 거문고는 '선비의 악기'로 인정받으면서 음악계의 주 소비층을 사로잡아 가장 각광받는 위치를 차지하게 되었다. 그렇다면 가야금은 어떻게 지금과 같은 지위를 갖게 되었을까? 이 글에서는 그 소리와 형태에 주목하고 있다. 가야금의 소리는 아악기처럼 아주 고상하지는 않지만 아주 가볍지도 않다. 너무 고급스러워서 부담스럽거나 너무 저급해서 싫증 나지 않는, 어느 계층이나 향유할 만한 음색을 지닌 것이다. 그리고 생김새는 옛날식도 아니고 요즘식도 아니다. 형태가 소리를 결정하기 때문에 형태를 함부로 바꾸기 어려운 것인데 기존의 형태에 중국 악기를 담아낼 수 있었으니, 다양한 변화의 가능성을 인정받은 셈이다.

실제로 가야금은 생김새의 변화가 많은 악기에 속한다. 폭넓은 연주 방식과 소리를 소화하기 위해 조선 후기에 한 번 더 크게 변화해서 산조 가야금이 새로 탄생했다. 그래서 현재 전통 가야금은 크게 법금法琴이라 불리는 풍류 가야금과 산조 가야금의 두 종류로 나뉜다. 변화는 여기서 끝나지 않았다. 오늘날에도 계속되어 표현하고자 하는 소리에 따라 17현, 18현, 21현,

25현 가야금으로 더욱 다양해졌다. 변화를 거부하지 않으면서도 소리의 특색을 지켜 낸 가야금은 이제 심지어 모든 악기 중 제왕이라 불리던 거문고의 자리마저 넘어선 듯하다.

삶의 무게가 너무 버겁다고 생각되는 어느 날, 이 악기 소리에 마음을 맡겨 보는 건 어떨까? 변화를 두려워하지 않으면서도 세파에 지친 귀와 답답한 가슴을 씻어 낼 만한 소리를 지켜 온 명주실의 깊은 소리. 그 소리가 나조차 들여다보지 못하는 나의 심연을 어루만지고, 세상의 변화에 능동적으로 맞춰도 나를 지킬 수 있다는 용기를 불어넣어 주지 않을까?

부끄럽지 않은 밥그릇

옳지 않게 얻었는데도 목구멍에 넘긴다면	非義而食
그건 도둑이나 매한가지이고	則近盜賊
일하지 않았는데도 양껏 배불린다면	不事而飽
그건 남의 피 빨아 먹는 버러지라네	是爲螟蟘
밥을 먹을 적마다 반드시 경계하라	每飯必戒
부끄럽게 입에 들어가는 일 없도록	無有愧色

김창협金昌協 1651~1708, 「**잡기명**雜器銘」 중 '**반우**飯盂', 『**농암집**農巖集』

이 명은 앞서 본 「세숫대야에 얼굴 씻듯」을 지을 때 김창협이 함께 쓴 글이다. 식사 때마다 마주하는 밥그릇에 이 명이 적혀 있다면 기분이 어떨까? 아마 며칠이라도 자신의 생활을 한번쯤은 더 돌아보게 될 것이다. 정직하게 번 돈으로 먹고 있는 밥인지, 내 삶에 최선을 다해서 먹고 있는 밥인지……. 그러나 이 구절을 매일 끼니때마다 봐야 한다면 자칫 '옳음'이라는 것을 아주 단순하게 생각하거나 자기도 모르게 자기 합리화를 시도하게 되지 않을까? 먹어야만 살 수 있는데, 먹거리를 담은 그릇이 양심을 찌른다면 먹는 것을 그만두든 하는 일을 그만두든 해야 하는데, 둘 다 불가능한 일이니, 생각을 바꾸는 쪽을 선택할 것이기 때문이다. 물론 그릇을 바꾸는 방법도 있기는 하다.

사실 현대 사회는 지은이 김창협이 이 글을 쓰던 때보다 훨씬 복잡해졌다. 농경 사회였던 조선의 입장에서 보자면 지금의 대한민국은 '훨씬'이라는 표현만으로는 턱없이 부족할 정도로 다양하고 복잡하고 세분화되었다. 농경 사회에서 사람은 씨뿌리기에서부터 수확까지 일의 전체를 모두 볼 수 있다. 그러나 산업 사회는 일의 전체를 보는 것이 불가능하다. 분업화된 조직에서 한 자리를 맡아 그 자리의 일만을 처리하면 그만이다. 문제는 세분화되고 전문화된 분야에서 자기 일에만 안착하게 되면 '옳음'에 대한 기준이 제각각이 되기 십상이라는 점이다. 작은 옳음이 큰 그림에서는 불의가 되는 충돌이 쉽게 발생할 수 있지만, 그 모순이 사람들에게 잘 발견되지는 않는 이상한 격리가 일상적으로 일어나는 환경이 된 것이다.

증권사 펀드 매니저인 어떤 사람이 빈곤한 나라의 가난한 아이에게 후원을 한다. 그 사람은 정직하게 일한다. 정시에 출근하고, 성실히 근무하며, 고객에게 이익을 주기 위해 최선을 다한다. 그런데 그 증권사에서는 요즘 그 빈곤한 나라를 상대로 투기성 투자를 하고 있다. 이 경우 이 사람의 수입은 '옳은'가? 그 나라의 재정을 무너뜨리며 한편으로 그 나라의 아이를 후원하는 게 '옳음'일 수 있을까?

1930년 미국 뉴욕에서는 빵을 훔친 노인에 대한 재판이 있었다. 이 재판을 맡은 판사 피오렐로 라 과디아Fiorello La Guardia는 노인에게 10달러의 벌금형을 구형했다. 하지만 동시에 자신에게도 10달러를 구형하고, 그 법정에 있던 모든 사람들에게 50센트의 벌금형을 구형하는 특이한 판결을 내렸다. 왜냐하면 그 노인이 도둑질을 한 이유 때문이었다. "나이가 많아 일자리를 얻을 수 없었습니다. 사흘을 굶었습니다. 배가 고팠습니다. 죄송합니다." 일자리가 없는데 일을 하고 돈을 벌어 정당하게 음식을 먹을 수는 없다. 도둑질을 한 것은 그 사람의 잘못이지만 도둑질밖에 할 수 없게 한 것은 나와 우리, 즉 사회의 잘못이다. 그래서 자신과 법정의 모든 이들에게도 구형을 했던 것이다.

복잡한 사회에서는 '옳음'에 대해 더 예민한 시각을 지녀야 한다. 오늘 우리가 진정 부끄러워해야 할 일은 내 이웃의 굶주림을 돌보지 않는 것, 혹은 그 굶주림이 오로지 그 자신의 탓이라 생각해 버리는 것, 나와 우리가 간과한 잘못에 대해 애써 지워 버리려 하는 자세일 것이다. 모두가 배고프지 않을 만큼 우리는 경제 성장을 이루지 않았는가. 그렇다면 모두가 배고프지 않는 세상을 만드는 것이 우리의 '옳음'이리라.

흰 종이가 없다면

봉황 꼬리 아롱지는 벼루를 씻고	洗鳳尾
쥐 수염 붓을 잡고서	操鼠鬚
용향제 먹물을 적셨더라도	濡龍髓
한 자 한 치의 흰 바탕이 없다면	而無尺寸之素
어떻게 마음속 명문장을 적어 낼 수 있을까	何以寫腹中之錦繡

김낙행 金樂行 1708~1766, 「지명 紙銘」, 『구사당집 九思堂集』

'봉황 꼬리 아롱지는 벼루'란 당나라 시인 피일휴皮日休의 글에 나오는 표현으로, 먹을 갈면 봉황 꼬리같이 세밀하게 아름다운 무늬가 아롱지는 멋진 벼루를 말한다. '쥐 수염 붓'은 끝이 아주 강강해서 칼끝 같은 느낌을 주는 붓인데, 서성書聖이라 불리는 동진東晋의 서예가 왕희지王羲之가 「난정서蘭亭序」를 쓸 때 사용해서 유명해졌다. '용향제龍香劑 먹'이란 용뇌龍腦와 사향麝香 등을 넣어 만들어 향기가 높다고 알려진 먹이다. 그러니까 벼루, 붓, 먹 모두 요즘으로 치면 그 분야 명품인 셈이다.

문장가 혹은 학자의 방을 떠올려 본다. 그에게는 얼마 전에 청탁받은 글이 있다. 며칠간 몇 권의 책을 뒤지고 이리저리 고심하며 생각을 한껏 다듬어 놓았다. 드디어 마음속에 썩 괜찮은 글이 만들어졌다. 이제 써 내려가기만 하면 끝이다. 멋들어진 문방사우를 챙긴다. 그런데 아뿔사! 종이가 없다. 지난번에 다 쓴 걸 잊고 새로 준비하지 않았나 보다. 마음은 한시가 급한데 당장 구할 방법이 없다. 글쟁이 방에 종이보다 많은 게 또 있을까마는 손에 잡히는 종이에는 이미 글자가 가득 차 있어서 도무지 마음속 글을 풀어낼 공간이 없다. 혹시나 싶어 온 집안을 뒤집어 놓고 있는데 운 좋게 흰 종이 한 장이 빼꼼 문갑 아래서 머리를 내민다. 아! 찾았다!! 종이 위에 정신없이 생각을 쏟아 놓고 한숨 돌리니, 비로소 종이의 중요성이 눈에 들어온다. 흰 종이 한 장, 너 없으면 나 어쩔 뻔했니?

종이는 도구와 생각이 만나는 광장이다. 이런 광장으로서의 종이가 지녀야 할 첫 번째 미덕은 깨끗해야 한다는 것이다. 하얀 바탕이어야 한다. 그래야 생각이 도구를 만나 펼쳐지는 글이 잘 드러나 보이기 때문이다. 종이가 있다 하더라도 이미 다른 글로 빽빽하게 가득 차 있거나 종이 자체가 먹빛처럼 어두운 색이라면 없는 것이나 마찬가지이다.

종이를 광장이라고 한다면, 깨끗한 종이는 생각을 있는 그대로 담아낼 수 있는 자유가 보장된 광장이라고 할 수 있다. 종종 언론을 붓이나 펜에 비유한다. 붓은 혼자 움직일 수 없다. 붓이 가치 있는 것은 다양하고 멋진 생각을 받아 적어 내기 때문이다. 번드르르한 언론사가 많이 있다 하더라도 그 언론이 나라의 주체인 평범한 사람들의 다양한 여론과 만나는 것을 거부하며, 자신과 같은 명품 붓이 그런 수준 낮은 이들의 생각이나 대변하고 있는 건 격에 맞지 않다고 생각할 때 언론은 붓으로서의 기능을 잃는다.

언론이 제 기능을 충분히 한다면, 다음으로 생각이 책임을 다해야 한다. 깊어지고 넓어져야 한다. 억지를 부리거나, 해도 그만이고 안 해도 그만인 의견을 떠벌리거나, 자기 이익만을 외치며 상대를 물어뜯을 궁리만 한다면 그런 생각은 굳이 글로 형상화할 필요가 없다. 민주 국가인 이 나라의 생각이란 곧 평범한 우리들의 생각을 말한다. 그러므로 생각의 책임이란 평범한

'너'와 '나'의 묶인 것이다.

생각과 언론이 제 기능을 갖추었다면, 이제 자유로운 광장이 필요하다. 자유로운 광장이 없다면 우리의 생각도 그 생각을 대변한 언론의 목소리도 펼쳐질 수 없다. 광장은 빼앗아서도 안 되고 빼앗겨서도 안 되며 더럽혀서도 안 된다. 종이의 발명으로 비로소 인류는 생각의 저력을 갖게 되었다. 숱한 생각이 흰 종이 위에서 빛나 인류의 역사가 여기까지 왔다. 광장에서의 자유로운 토론이 인류가 잘못 가고 있는 길을 되돌릴 수 있는 힘이 되어 주었던 것이다. 이것이 종이, 즉 광장의 위대한 가치이다.

등불로 얻는 책 읽기의 즐거움

달빛은 희미해서 명료하지 못하고	月依微而不了
반딧불은 조금 빛나다가 곧 사라지니	螢小燿而卽滅
오직 불빛이라야	惟火之光
글자를 또렷하게 비출 수 있네	可以照於字而歷歷
쇠로 만든 등경燈檠은 사치스럽고	鐵檠近於侈
밀납으로 만든 촛불은 과분하니	蠟燭近於濫
그저 조각난 나무, 깨진 그릇에다	惟片木缺器
풀 열매 기름과	草實之油

물고기 기름이면 海鱗之膏
그 검소함을 밝힐 수 있겠네 可以昭其儉

김낙행金樂行 1708~1766, 「등명燈銘」, 『구사당집九思堂集』

베트남 여행을 갔다가 그 나라 유명 시인 '반레'라는 분을 만난 적이 있다. 시인은 자기 이름이 본명이 아니고 친구의 이름을 필명으로 쓰고 있다 했다. 베트남 전쟁에서 조국을 위해 함께 싸웠던 그 친구는 시인을 꿈꾸며 손에서 책을 놓지 않았고, 밤에 미군이 폭격을 하려고 조명탄을 쏘면 모두들 숨을 곳을 찾느라 정신없는 그 순간에도 조명탄 불빛 아래로 뛰어가 시집을 읽었다고 한다. 시를 목숨처럼 사랑하던 그 친구는 결국 어느 날의 폭격에 목숨을 잃고 말았다. 시인은 그때까지 시인이 되고픈 마음이 없었는데, 친구의 죽음을 계기로 시를 쓰게 되었고 그의 이름으로 시집도 내게 되었다고 술회했다.

나는 이토록 책을 사랑하는 사람을 본 적이 없다. 사무치도록 책이 읽고 싶어서 조명탄 불빛 아래로 달려가는 심정을 헤아릴 길이 없다. 불을 켜면 적군에게 위치가 노출되기 때문에 참고 참다가 적군이 폭격을 위해 밝힌 조명이라도 불빛은 불빛이니 잠깐이라도 시를 읽을 수 있는 기쁨에 밝은 곳을 찾아가는 그 마음을, 평화와 풍요의 시대에 사는 내가 어떻게 감히 짐작

할 수 있겠는가.

지금은 스위치에 손만 대면 어디서든 대낮보다 밝고 조금도 위험하지 않은 불빛이 생긴다. 노력 없이도 밤을 낮처럼 지낼 수 있는 시대이다. 책을 읽지 않을 뿐이지 읽으려 들면 언제 어디서든 밤을 새워 가며 읽을 수 있다. 불이 귀한 시대에 낮에는 노동하고 여가 시간이 생긴 저녁에 어둠이 내릴까 전전긍긍하며 어쩔 수 없이 밝은 달빛을 기대하고 반딧불을 모아 보고 하얀 눈 위에 책을 비추어 보던 그 절실함을 알 길이 없다. 결여缺如의 간절함을 잊은 지 오래다.

더 좋은 조명, 더 좋은 책상, 더 좋은 의자, 손쉽게 구할 수 있는 다종다양한 책, 게다가 지금은 전시戰時가 아닌 평시平時. 책을 읽고 무언가 탐구하기에 더없이 좋은 시대를 살고 있다. 그래서 우리는 책을 읽지 않는다. 탐구하지 않는다. 언제든 할 수 있어서 아무 때도 하지 않는 것이다. 책 한 권 갖는 것의 기쁨도, 내 책상과 의자가 생긴 감격도, 스탠드를 놓고 밤에도 책을 볼 수 있는 즐거움도 지금 우리에게는 없다. 내가 원하기 전에 너무나 많이 아주 좋게 주어져 있기 때문이다. 결여가 만들어 내는 창조와 기쁨의 공간이 사라진 것이다.

그렇다고 결여가 없는 시대에 억지로 결여를 만들어 낼 수는 없는 노릇이다. 대신 '검소함'으로 스스로를 절제할 수는 있다. 가질 수 없기 때문이 아니라 굳이 가질 필요가 없기 때문에 비워 두는 자리가 검소함이다. 쓰다 보면 욕심이 생긴다. 천막에 한 발 한 발 들여놓다가 주인을 내치고 천막을 차지하는 낙타처럼 욕심은 그렇게 인간을 잠식해 들어간다. 절제는 지금 사용하는 도구가 필요했던 원래 이유를 잊지 않게 해 준다. 검소는 궁상이 아니라 내 삶의 방향과 내 즐거움의 원천을 지켜 주는 마음의 보초이다. 평화와 풍요가 되레 인생의 덫이 되지 않도록 스스로 비워 내는 지혜가 필요한 시대인 것 같다.

안경, 요 기특한 것!

내게 밝게 살피는 두 눈 있었으니	余有夫兩目之察
하늘이 부여해 준 것이 실로 많았도다	天所賦者實多
원기가 쇠하여 두 눈 침침해지자	氣澌而昏
하늘도 어찌해 볼 도리가 없었는데	天亦不能柰何
다시 이렇게 맑고 통쾌한 물건을 만들어	又養此晶晶洞快之物
가져다 자기 눈처럼 사용하게 하니	俾人取以爲資
노인 눈이 아닌 젊은이의 눈으로	非老伊少
털끝만큼 작은 것도 볼 수 있게 되었네	細可入於毫釐

누가 이러한 이치를 알아냈는가 誰識此理

바로 구라파의 사람이로다 有歐巴之人

저 구라파의 사람이여 彼歐巴兮

하늘을 대신하여 인을 행하였도다 代天爲仁

이익李瀷 1681~1763, 「애체경명靉靆鏡銘」, 『성호전집星湖全集』

지금은 어린아이들도 안경을 쓰는 경우가 많다. 접하는 각종 전자 기기가 많아서인지 시력이 좋은 사람보다 나쁜 사람이 훨씬 더 많다. 그러나 안경 제작 기술이 매우 발전해서 눈이 나쁜 것이 크게 문제가 되지 않는다. 심지어 라식과 라섹 등 수술로 시력을 회복할 수도 있다. 그러나 안경이 없던 시절에는 시력을 한번 잃으면 그뿐이었다. 물론 지금처럼 눈이 나쁜 사람이 절대다수는 아니었겠지만 그래도 나이가 들면 시력이 감퇴하게 마련이고, 지금이라면 충분히 맑게 세상을 보고 살 수 있는 사람이 거의 청맹과니로 살아야 했다.

한번 나빠진 눈은 돌이킬 수 없어 침침해져만 가는 눈에 어찌할 바를 모르던 지은이 이익에게 어느 날 '안경'이라는 물건이 나타났다. 이걸 끼면 다시 세상을 밝게 볼 수 있대서 설마 하는 마음에 시험 삼아 눈에 대어 보았는데 이게 웬일? 정말로 세상이 다시 분명하게 보였다. 어찌나 잘 보이는지 바늘귀에 실도

펠 수 있을 것 같았다. 그 옛날 안경을 처음 눈에 대 본 사람은 천지가 개벽하는 느낌이었을 것이다. '심 봉사가 눈을 뜨는 기쁨이 이런 것일까' 싶지 않았을까? 이 명을 보고 있노라면, 안경을 알게 된 이익이 얼마나 기뻐하고 좋아하였을지 그 광경이 눈앞에 선하다.

이익은 서양의 과학 기술에 많은 관심을 기울인 인물이다. 그는 한문으로 번역된 서학서西學書를 읽고 조선에 소개했다. 13종의 서양 과학 서적과 4종의 지도, 10건의 서양 문물을 소개했는데, 자신의 대표 저서인 『성호사설』에서 서양의 과학 지식에 대해 "기계와 수학의 법은 뒤에 나온 것이 더욱 정교하다. 비록 성인의 지혜로도 미진함이 있어 후세 사람들이 더욱 보완하고 연마해 가니, 오래 지날수록 더욱 정밀해지는 것이다."라고 말하기도 했다. 그가 서양 과학 지식의 합리성과 실용성을 적극적으로 인정하고 수용하는 자세를 가졌던 것은 이렇게 그들 과학 지식의 산물을 일상생활에서 더할 나위 없이 유용하게 사용해 본 경험을 직접 한 때문이 아닐까?

이익의 손에 들려 있던 과학책을 생각해 본다. 그는 서양의 실용적인 문물만 좋아하는 데 머물지 않고 그것을 이론적으로 탐구했다. 새로운 과학 기술로 생산한 일상의 유용한 물건을 써 보고 좋아하기만 했던 것이 아니라 그 물건을 있게 한 기술의 연원과 또 그와 관련한 다른 지식을 습득하며 어떤 것을 받아들이고 어떤 것을 버려야 할지, 어떤 것을 어떻게 접목하면 좋을지 스스로 판단했던 것이다. 우리는 과학 기술의 세기에 산다. 그러나 지은이처럼 이런 진중한 자세는 없이 기술을 토대로 생산한 제품을 소비하기만 하는 경우가 대부분이다. 과학은 과학자뿐만 아니라 우리의 일상에 영향을 미친다. 그렇다면 이익처럼 우리도 과학에 대해 스스로의 이해를 정립해 보는 자세가 필요하지 않을까? 일상에 다가오는 모든 것은 또한 우리의 책임 아래 있는 것이기도 하니 말이다.

소간의 만든 뜻은

하늘의 길은 매사 억지가 없으니　天道無爲
관측하는 기구도 간편함을 숭상하네　器且尙簡
옛날의 간의는　古之簡儀
빽빽하게 기둥을 세웠는데　架柱棧棧
지금의 이 기구는　今玆器也
가지고 다닐 수도 있을 정도　近可提携
그 쓰임을 보건대　其入用也
간의의 쓰임과 같으니　同於簡儀

간편한 것을 또 간편하게 한 것일세 蓋簡之又簡之者也

정초鄭招 ?~1434, 「소간의명小簡儀銘」, 변계량卞季良의 『춘정집春亭集』

간의簡儀는 천문 관측 기구로, 이전부터 사용해 오던 혼천의渾天儀의 결함을 보완하기 위해 원元나라의 곽수경郭守敬이 아라비아의 천문 기구를 참고해서 새로 만든 것이다. 조선에서는 1432년세종14에 이천李蕆, 장영실蔣英實 등에게 명하여 이것을 만들어 보게 했다. 처음에는 목재로 시도했다가 성공하자 이후 구리로 주조해서 본격적으로 사용했다. 이를 대간의大簡儀라고 부른다. 대간의는 크기가 커서 2년 뒤 세종은 다시 이천, 정초鄭招, 정인지鄭麟趾 등에게 명하여 옮기기 쉬운 작은 모양의 간의를 제작하게 했다. 이것이 바로 이 명의 소재인 '소간의'이다.

소간의는 구리로 받침을 만들고, 폭이 좁은 물도랑을 빙 둘러서 수평을 잡았으며, 지북침指北針으로 남북을 잡았다. 이것의 본체는 적도환赤道環, 백각환百刻環, 사유환四游環이라는 세 개의 고리로 이루어져 있다. 적도환은 주천 도수周天度數인 365도 4분의 1의 눈금이 표시되어 있는데, 이는 동서로 움직이면서 7정七政 해, 달, 화성, 수성, 목성, 금성, 토성과 여러 별자리의 천구상 위치를 측정하는 데 사용했다. 백각환은 적도환 안에 있고, 12시時 100각刻이 새겨져 있어 낮에는 해시계로 사용할 수 있고, 밤에는 중성中星을 확정하는 도구로 활용할 수 있다. 사유환은 그 안에 별 관측용 조준기인 규형窺衡이 설치되어 있어 동서로 돌고 남북으로 움직이면서 별을 관측할 수 있다. 기둥을 마련해서 기둥에 고리들을 비스듬하게 꽂으면 사유환은 북극에 맞고 적도환은 남북극의 중간인 천복天腹에 맞아 적도의赤道儀가 되고, 곧게 세우면 사유환은 입운立運 수직이 되고 백각환이 음위陰緯 지평가 되어 지평의地平儀가 된다.

소간의를 만드는 일이 끝나자 세종은 정초에게 명을 지어 이 일에 대해 후세가 알 수 있게 하였다. 왕명에 따라 정초가 지었던 명과 서문이 변계량의 문집에 수록되어 있다. 농경 사회에서 정확한 달력을 확보하는 것은 더없이 중요한 일이다. 역법을 통해 1년 운영의 질서가 서게 되므로 역법은 모든 질서의 주인이 되는 천자의 권위 안에 있는 것이었다. 조선은 제후국이었기 때문에 중국의 역법을 받아다 사용해야 했다. 그러나 위도와 경도가 다르면 시간 차이가 나므로, 중국의 역법은 당연히 우리의 절기에 꼭 맞을 수 없었다. 맞지 않는 달력은 무엇보다 농경에 실용적이지 않았다. 세종은 과감하게 모험을 시작하였다. 위험을 감수하고 천체 관측 기구를 창안하고 설치해서 우리의 시간에 맞는 우리의 달력을 만들어 낸 것이다. 먼저 대간의를 제작하였고, 이어서 더 실용적으로 활용할 수 있도록 간의의 핵심 요소만 뽑아 축소해서 소간의를 만들었다.

세종 시대의 과학 수준은 혀를 내두르게 한다. 당시 역법을 만들 수 있는 나라는 세계에서 중국과 아라비아뿐이었다. 거기에 조선은 도전장을 내고 당당하게 성공한 것이다. 그야말로 세계 최고 수준의 과학을 보유한 나라였던 조선이 세종 사후 얼마 지나지 않아 과학 후진국으로 추락하고 만다. 실용을 염두에 두지 않은 철학이 조선의 과학을 시들게 했던 것이다. 세종이 지녔던 폭넓은 시야, 그리고 실용과 이상의 균형 감각이 오늘 우리 사회에 건강하게 부활하기를 진심으로 소망해 본다.

질동이처럼 살리라

하늘에서 이치를 받고 理乎天
땅에서 형질을 갖추었네 質乎地
비어 있어 받아들이니 虛以受
씀이 다하지 않고 用不已
쌓아 두면 반드시 적셔 주니 貯必浥
이는 덕을 베푸는 것 德之施
무엇을 담아야 옳은가 何盛而可
현주의 맛이며 玄酒之味

두드려 소리가 울리니 考之而鳴
대음의 지극함이네 大音之至
세상이 너를 숭상할 때에는 世方尙爾
천하가 순박하였는데 天下淳厖
풍속이 너를 가볍게 여기자 俗及輕爾
본성이 손상을 입었네 眞元乃戕
남들은 그 질박함을 누추하게 여기나 人陋其朴
나는 그 참됨을 깨끗하게 여기고 我潔其眞
남들은 그 추함을 천하게 여기나 人賤其醜
나는 그 순박함을 귀하게 여기노라 我貴其淳
포의들과 따르기를 좋아하니 樂與布衣者從之
왕공을 깔아 보는 듯하네 有若傲視夫王公
이제 붓을 던지고 대나무 옆에 쓰러져 누우니 於是擲筆頹臥於竹根
질동이 또한 꽃과 돌 사이에 기울어져 있네 瓦盆亦傾於花石
즐거워 산 밖의 어지러운 세상을 모르니 陶然不知山外之風塵
현묘한 경지를 누리는 세월에 꿈이 한창 달다오
夢方甘於希夷之日月

장현광張顯光 1554~1637, 「**와분명**瓦盆銘」, 『**여헌집**旅軒集』

질그릇이 대개 그렇지만 질동이도 귀한 기물은 아니다. 유약도 쓰지 않고 그저 진흙만으로 형태를 빚어 구운 투박하고 소박한, 그래서 좀 깨져도 그다지 속상할 것 없어 부엌에서 편하게 사용할 수 있는 평범한 그릇이다. 흙을 빚어 그릇을 만드는 방법이 점차 발달하면서 엄청난 고온의 불에서 구워 내는 자기磁器까지 출현하게 되었는데, 자기는 흙부터 시작해서 유약, 가마 등 완성하기까지 어느 하나 쉬운 과정이 없다. 만들기가 까다로우면 값이 올라간다. 비싼 것을 우리는 대개 귀하다고 말한다. 그래서 자기는 질그릇보다 귀한 대접을 받는다. 그러나 한편으로 생각해 보면 자기는 질동이처럼 쉽게 만들 수도 없고 크게 만들기도 어렵다. 게다가 흙이 유리질화되기 때문에 대지의 기운이 곧장 느껴지지도 않는다. 자기가 지닌 단점이다. 판단 기준이 바뀌면 장단점도 바뀐다. '귀한 것'에 대한 우리의 기준을 다시 살펴본다. 너무 편협하거나 치우친 것은 아닐까?

송나라 학자인 소강절邵康節은 동지冬至에 대해 읊은 시에 『주역』에서 동지를 나타내는 복괘復卦를 형상화하면서 "현주는 맛이 담박하고 대음은 소리가 드물다.玄酒味方淡 大音聲正希"라고 표현하였다. 동지는 어둠이 가장 긴 날이지만 또 한편으로는 어둠이 끝까지 갔기 때문에 빛으로 역전되는 시기이기도 하다. 동지를 기점으로 낮이 더 길어진다. 희망과 회복이 시작되는 것이다. 그러나 아직 아무것도 눈에 보이지는 않는다. 이 괘의 모양

즉 ䷗은 땅 아래 우레가 들어 있고, 음陰 다섯 개 아래에서 양陽 하나가 생겨난 모양이다. 땅속에서 우레가 진동하고 양 하나가 생겨나지만 아직 땅 위에서는 그 소리도 들을 수 없고 그 기운도 느낄 수 없는 상태를 나타낸 것이다. 현주는 술이 아니라 첫 새벽에 떠 온 정화수井華水로, 옛날 술이 없던 때에 제사에 올렸던 물이다. 처음은 맛이 없고 소리가 들리지 않는다. 그릇의 원형인 토기도 그렇다. 그러나 그 처음이 문명의 출발과 가능성임을 잊어서는 안 된다.

문명이 발달하면 순박함은 업신여김을 받는다. 투박하고 화려하지 않기 때문이다. 그러나 지은이 장현광은 순수를 귀하게 여기는 자세가 세상에 가져올 수 있는 유익에서 눈을 떼지 않는다. 실제로 장현광은 학문과 행실로 끊임없이 천거를 받았으나 관직의 화려한 삶을 조금도 돌아보지 않아 줄곧 출사를 거절하였고, 산에 머무르며 보아도 보이지 않고 들어도 들리지 않는 현묘한 도道의 경지를 탐닉했다고 한다. 명품이 지고의 가치가 된 시대에 질동이 하나 끌어안고 순수의 깊이를 예찬하는 한 선비의 모습을 본다. 귀천의 기준을 스스로 세우고 붙들 줄 아는 그의 단단한 정신이 오늘 우리 삶에 일침을 날리는 것 같다. 눈앞의 화려함이 판단의 전부가 되는 건 아무래도 어리석다.

4.

별난 시선,
색다른 이야기

상처 없이

상처 입은 사람을

이해하고

품을 수 있는

사람은 없다.

썩은 나무도 사용하기 나름

나무 자르고 남은 그루터기에	株伐根餘
우레와 빗물이 엉기더니	雷雨縈之
예전에 희미하던 것이 이제는 나타나	古晦今顯
물건의 형상을 이루었네	物類形之
아둔한 장인은 돌아보지 않았지만	族工不顧
명철한 장인은 그것을 알아보았고	哲工解之
속인은 취하지 않았지만	俗子不取
군자는 이것을 사랑하였네	君子愛之

이덕무李德懋 1741~1793, 「**후목연갑명**朽木硯匣銘」, 『**청장관전서**青莊館全書』

갑匣은 물건을 넣어 두는 작은 상자를 말한다. 지은이 이덕무에게는 벼루를 담아 두는 갑이 하나 있었다. 나무로 만든 그 갑은 전체적으로 노란 빛깔을 띠었는데, 거기에는 먹으로 그려 놓은 듯한 가늘고 검은 문양이 있었다. 배와 돛대 같기고 하고, 바위나 돌 같기도 하며, 구름 같기도 하고, 노루나 사슴 같기도 한 문양 들이 벼루 갑을 화려하게 수놓고 있었다. 누가 먹으로 그린 것인가 생각했는데, 그 갑을 본 사람들이 하는 말이 나무를 베고 남은 그루터기에 빗물이 스며들어 썩기 시작하면서 만들어진 것이란다. 썩은 것이 되레 아름다운 무늬가 되다니, 세상의 길흉은 도무지 알 수 없는 일이다.

'썩었다'는 것에 집중하면 나무의 검은 테는 썩은 흔적으로만 보일 것이다. 그래서 직업이니까 아무 생각 없이 물건을 만드는 아둔한 장인은 썩은 나무로 무얼 만들겠냐며 두 번 생각하지도 않고 그 썩은 그루터기를 버린다. 그러나 '썩었다'는 고정 관념에 갇히지 않는다면 나무의 검은 테가 만든 문양이 보인다. 그래서 발상이 기발한, 뛰어난 장인은 그 썩은 그루터기를 가지고 이 세상에 하나뿐인 특별한 작품을 만든다. 가치를 알아봐 줄 수 있는 사람을 만나면 상처는 별이 된다.

세상을 살며 결여나 실패, 그로 인한 상처를 경험하지 않는 인생은 거의 없다. 사람들은 흔히 자신의 결여를 세고 실패를 응시하며 상처에 아파하면서 자기는 가망성이 없다고 생각한다. 그런 사람에 대한 주변의 시선도 보통 스스로 내린 평가와 다르지 않다. 그 결여와 실패를 보면서 기껏해야 상처를 토닥거려 줄 뿐이고, 심한 경우는 냉정한 충고라면서 서슴없이 어두운 앞날을 말해 상처에 소금을 뿌리기도 한다. 그러나 인간과 삶에 대해 제대로 배운 사람은 결여와 실패, 그로 인해 겪은 쓰라린 상처가 인간의 내면에 무한히 아름다운 문양을 빚어낼 수 있음을 안다.

무한히 이기적이고 한없이 편안함을 추구하는 인간이란 존재는 결여와 실패를 통해 비로소 자아의 벽이 무너지는 것을 경험하게 된다. 그 고통을 잘못 겪어 내면 세상에 대한 원망과 자기 연민만 쌓이겠지만, 건강하게 이겨 내면 타인의 눈물을 내 가슴에 담고 그런 눈물이 더 이상 없는 세상을 만들기 위해 꿈꾸고 노력할 수 있게 된다. 상처 없이 상처 입은 이를 이해하고 품을 수 있는 사람은 없다. 상처에 주저앉은 사람도 상처 입은 사람을 끌어안을 수 없기는 매한가지이다.

썩은 나무의 가치는 아무나 찾아 줄 수 있는 것이 아니다. 명철하고 예리한 시선을 가진 장인을 만나야만 그 가치가 빛날 수 있다. 세상을 더 깊고 더 넓게 더 새롭게 보려고 공부해 온 지식인이 썩은 나무의 가치를 발견해 주는 장인이 되어야 한다. 그 시선을 얻기 위해 오늘도 우리는 배우고 공부하는 것이다.

술 화로 하나에도 오행의 조화가

재료는 쇠요 金以爲質
내용물은 물이로다 水兮其實
불 아니면 끓이지 못하고 非火不烈
불은 나무로 때는데 爨維其木
남은 재는 흙에 속하니 灰土之屬
오행이 다 갖춰졌구나 蓋五行足
물과 불 서로 싸우고 坎离交戰
문왕과 무왕의 도道가 변하는 동안 文武迭變

신령스런 액체 덥혀져	靈液是煉
물씬 풍겨 오는 풍성한 화기	太和氤氳
기특한 공을 앉아서 거두어들이자니	坐收奇勛
우주가 온통 봄바람 속	宇宙同春

장유張維 1587~1638, 「주로명酒鑪銘」, 『계곡집谿谷集』

한겨울 매서운 눈보라가 치며 한파가 맹위를 떨치면 애써 마련한 가죽옷도 뼛속까지 스며드는 냉기를 막기에 역부족이고, 쉼 없이 때는 군불도 창호지를 제멋대로 넘나드는 외풍을 이겨 내기에 역부족이다. 겨울이 깊어 갈수록 밖에서도 안에서도 추위를 피할 길 없어 점점 얼어만 가는 몸 상태에 구들장 지킴이 외에는 하고 싶은 일이 없어진다. 방 안에서도 손가락 하나 까딱하기 싫어지는 것이다. 그러나 사람이 멀쩡한 하루하루를 목석처럼 우두커니 앉아 있기만 할 수는 없는 노릇. 어쩐다……?

아득한 옛날부터 세상에는 이런 난세를 위한 영웅이 있었으니, 바로 '술'이다. 몸 안으로 들어온 술은 몸을 뜨끈히 데우며 추위로 인한 긴장을 풀어 준다. 이 술을 따뜻하게 데워 마신다면 그 효능은 더할 나위 없다. 방 안에 술 화로 하나를 들여놓으면 그 어떤 혹독한 추위라도 너끈히 견디고 활기차게 지날 수 있다.

이런 깜찍한 효능을 지닌 술을 화로에 올려 데우는 모습을 보고 있자니, 심지어 오행五行의 조화로움이 떠오른다. 불이 쇠를 녹여 이길 수 있는데 오히려 쇠가 불을 담고 있고, 물이 불을 끌 수 있는데 거꾸로 불이 물을 끓이고 있다. 그리고 불이었던 나무는 재가 되어 조용히 흙으로 돌아간다. 술 한잔으로 몸을 좀 녹여 추위 탓한 게으름을 떨쳐 보려던 지은이 장유는 술 화로가 담아내는 이 오행의 조화를 지켜보며 세상을 경륜하는 지혜를 잠잠히 터득한다. '강함과 약함, 강고함과 부드러움은 항상 충돌하거나 항상 한쪽이 다른 한쪽을 지배하는 속성이 아니라 어떻게 활용되느냐에 달린 문제로구나. 죽고 살고 꽃피고 버려지는 것은 그것 자체의 속성에 의해 결정되는 것이 아니라 그 속성을 활용하는 이의 손에 의해 결정되는 것이로구나.' 이 깊은 깨달음에 다가가는 동안 술이 데워져 향기가 방 안에 가득 번져 가니 따스하고 조화로운 기운이 마치 봄날인 양 푸근하고 향기롭게 장유의 공간과 시간을 감싸 안았다. 지은이가 서문에 밝힌 이 명의 배경이다.

문득 따뜻한 청주가 그리워지는 밤이다. 독작獨酌, 홀로 술을 즐기며 여유 가득한 걸음으로 지혜의 길을 음미하듯 걸어가 보고 싶다.

항아리는 차면 덜어 낼 줄 아나니

네게 쌓아 놓은 것을 옮겨	移爾所蓄
사람의 빈속을 채우지	納人之腹
너는 가득 차면 덜어 내니까 넘치지 않는데	汝盈而能損故不溢
사람은 가득 차도 살필 줄 몰라 쉽게 엎어지는구나	人滿而不省故易仆

이규보李奎報 1168~1241, 「**준명**樽銘」, 『**동국이상국집**東國李相國集』

배가 불룩한 동글동글 항아리. 그 넉넉한 몸매에 안을 그득그득 채워 놓으면 세상에 걱정할 것이 하나 없는 느낌. 그러나 그 항아리도 무한정 받아들일 수만은 없다. 가득 차면 항아리는 저장용기로서의 가치를 잃는다. 더 이상 무언가를 담을 수 없기 때문이다. 비어 있어야만 쌓을 수 있다. 쌓기 위해 비워 내는 역설이 항아리를 항아리이게 해 주는 것이다.

의기欹器 즉 삐뚜름한 물동이라는 것이 있다. 주周나라 때 임금이 항상 옆에 두고 보면서 스스로를 삼가게 할 목적으로 만든 물동이이다. 옆에 두고 경계를 삼는 그릇이라 해서 '유좌지기宥坐之器'라고도 불렀다. 이 물동이는 특이하게도 바닥이 둥근 형태였다. 바닥이 둥글면 당연히 똑바로 설 수 없다. 하여 양옆에 기둥을 세우고 물동이 몸체 중간 옆면에 고리를 만들어 철사 대롱으로 기둥에 연결시켜 중심을 잡을 수 있게 해 두었다. 옆면 중간쯤에 고리를 만들어 기둥에 연결시켜 두었다는 점이 중요하다. 이 때문에 이 물동이는 비어 있으면 삐뚜름하게 기울고, 물이 7부쯤 차면 비로소 똑바로 서게 되며, 수위가 7부를 넘으면 엎어져 물이 다 쏟아진다.

공자가 하루는 노魯나라 환공桓公의 사당을 찾아갔다가 바로 이 물동이를 보았다고 한다. 제자들에게 실제로 이 물동이에 물을 부어 보게 하였다. 그랬더니 정말로 물이 알맞게 차니 바로 섰고, 가득 차니 엎질러졌으며, 비니 다시 기울어지는 것이 아닌가! 공자는 깊은 탄성을 자아내며 말했다. "아, 가득 차고도 엎질러지지 않는 것이 세상 어디에 있겠는가!"

우리나라에 이와 비슷한 기물로 '계영배戒盈杯'라는 술잔이 있다. 가득 참을 경계하는 잔이란 뜻으로, 이 술잔은 술을 7부 이상 담으면 술이 밑으로 새게 만들어져 있다. 수압차를 이용한 것으로 잔 안에 관을 만들어서 관 높이 이상으로 술을 부으면 수압과 관 안의 대기압 평형이 깨지면서 술이 흘러나오게 된다. 재미있는 점은 한번 7부 이상을 부어 술이 새기 시작하면 다시 7부가 되었다고 해서 멈추는 것이 아니라 밑바닥까지 완전히 다 새어 나간다는 것이다. 기압의 평형이 깨졌기 때문이다.

의기든 계영배든 일단 정해 놓은 수위를 넘으면 사태는 걷잡을 수 없다. 의기는 엎어지고 계영배는 멈추지 않는다. 가득 찬다는 것은 위험하다. 한번 가득 차면 조금 덜어 내고서 다시 예전으로 돌아가기가 쉽지 않다. 바닥을 드러내고서야, 스스로 바닥을 확인하고 나서야 내가 가득 찼었다는 것을 깨닫기 때문이다. 항아리에게서 배울 일이다. 항아리는 덜어 냄의 신비를 받아들였기 때문에 저장 용기라는 목적성을 잃지 않고 오래오래 쓰일 수 있게 되었다. 게다가 항아리의 덜어 냄은 나를 비워 누군가를 채워 준다는 의미이다. 저장 용기는 버리기 위해서가 아니라 사용하기 위해 쌓아 두는 것이기 때문이다. 남을 위해 내주었으니 다시 또 채울 의미를 얻는 것이다. 지식이든 돈이든

지위든 쌓아 올리는 순간마다 세상을 위해 지혜롭게 덜어 낼 것을 생각한다면 훨씬 더 수월하고 의미 있게 가득 참이 경계되고 바르게 설 수 있지 않을까. '타인'을 위한 마음자리, 그것이 '나'를 아무리 쌓아도 7부를 넘지 않는 아름다운 경지로 자연스레 인도해 줄 것이다.

세상 뒤덮을 비단 이불

몇 겹 솜을 놓아 비단 이불 만드니	設重緜兮製錦
차가운 겨울밤도 한껏 따뜻하구나	冬之夜兮燠已
어떡하면 너의 폭을 넓혀서	安得廣爾之幅兮
추위에 떠는 온 세상 사람 모두 덮어 줄거나	大庇天下之寒士

어세겸魚世謙 1430~1500, 「기물명이십수효왕위器物銘二十首效王褘」 중 '금衾', 『동문선東文選』

읽고 있노라면 마음이 이불을 덮은 듯 따뜻해지는 명이다. 지은이 어세겸은 대제학에 정승까지 지내고 외교에도 능력을 발휘한 경세가였다. 그는 작은 격식이나 규정에 얽매이지 않았다. 형조 판서 때는 출퇴근 시간을 제 스스로 자유롭게 하여 정오에나 관청에 모습을 드러내 '오고당상午鼓堂上'이라 불렸다고 한다. 그렇다고 해서 맡은 일도 기준 없이 내키는 대로 한 것은 아니다. 오히려 매우 능률적으로 처리해서 소송의 판결이 지체되는 법이 없었다고 한다.

소송을 이야기하니 문득 자로가 떠오른다. 『논어』에서 공자는 제자 자로에 대해 한쪽의 말만 듣고도 소송 사건을 정확하게 판결 내릴 수 있는 사람은 아마 분명 자로일 거라며 칭찬했다. 또 자로는 하겠다고 약속한 것은 묵혀 두고 미적거리는 법이 없는 사람이었다고도 기록되어 있다. 이상적으로는 공자가 꿈꾼 것처럼 절대로 소송 사건 자체가 생기는 일이 없게 하는 것이겠지만 이는 거의 불가능한 일이다. 현실적으로는 정확하고 믿음직한 판단력을 가진 법관이 신속하고 공정하게 바른 판결을 내려주는 것이 최선일 것이다. 어세겸은 그런 관리가 아니었을까?

법관이, 정치인이, 외교관이, 관료가 항상 자신의 판단력을 가다듬어 부지런하고 효율적으로 일하려면 자기가 누구를 위해 이 자리에 있는가를 먼저 제대로 파악해야 한다. '자기를 다하는' 충忠이란 개념이 누구를 향해야 하는지, 상관이나 권력자인지 아니면 나라의 근간이 되는 백성인지를 먼저 결정해야 하는 것이다. 충을 바칠 대상이 상관이나 권력자가 되면 일에 대한 부지런은 사라진다. 윗선이 요구하는 일만 처리하면 되기 때문이다. 그러나 그 대상이 백성이 되면 편안한 시간이 사라진다. 윗선에 비해 턱없이 많은 이의 다양한 요구와 갈등과 충돌을 중재하고 정리하자면 부지런과 효율로도 다 감당하기 어렵기 때문이다. 그런 의미에서 "어떡하면 너의 폭을 넓혀서 추위에 떠는 온 세상 사람 모두 덮어 줄거나."라는 구절은 매우 아름답다. 그 마음 씀씀이가 너무나 곱다.

첫 부분에 나오는 '몇 겹 솜'의 원문은 '중면重緜'인데, 이것이 혹 '무거워진 솜' 그러니까 묵은 솜이 아닐까 생각해 본다. 솜은 오래 쓰면 공기층이 빠져나가 단단하게 뭉쳐 무거워진다. 그때는 솜을 틀어야 한다. 솜을 잘게 뜯어 공기층을 살리면 부피도 다시 살아나고 무게도 가벼워진다. 포근포근하고 푹신푹신한 새 이불로 다시 태어나는 것이다. 이렇게 보면 글의 의미도 한층 더 풍성해지는 것 같다.

사람도 한곳에서 일하다 보면 제 아무리 재기발랄한 인물이라도 유연성과 탄성을 잃고 굳어 가게 마련이다. 공기층을 잃고 무거워진 묵은 솜이 젊은 자기를 내리누른다고 툴툴거리던 게 엊그제 같은데 한 발 한 발 승진하며 한 살 한 살 먹어 가다 보니 어느새 자신도 묵은 솜이 되어 새로운 세대를 내리누르고 있다. 자기는 열린 마음을 가지고 있어서 젊은 사람과 잘 소통한다고 혼자만 생떼를 쓰면서 말이다.

묵은 솜은 틀지 않고서는 새로 태어날 방법이 없다. 묵은 솜에게 그것이 어찌 쉬운 일이랴. 자신을 다 해체하는 작업인데 그것이 어찌 고통스럽지 않으랴. 그래도 스스로 머리와 마음을 열어 새로운 공기를 받아들여야 한다. 온 세상을 덮어 주려는 '충'은 굳어 가는 자신과의 부단한 싸움 속에서 시작된다. 대신 자신을 새로 해체하는 노력을 멈추지 않는다면 묵은 솜은 햇솜인 양 다시 포근포근해질 수 있다. 연륜의 지혜가 젊은이의 심장과 함께 반짝이게 되는 것이다. 재탄생은 새로운 탄생만큼이나 찬란하고 아름답다.

책상에게 배운 군자의 길

나무는 먹줄로 곧게 되고　木從繩而直
군자는 경으로 내면을 곧게 하네　君子敬以直內
나무는 곱자로 네모반듯해지고　木就矩而方
군자는 의로 외면을 방정하게 하네　君子義以方外
톱으로 잘라 내고 숫돌로 갈아 내니　鐻而削砥而礲
사욕과 악한 생각 다스리는 일이 여기에 있네　克治之功斯在
사물을 관찰하다가 돌이켜 자신을 반성하게 되니
觀乎物反求諸身

두렵기가 엄한 스승 존경스런 벗을 마주 대한 듯

懍若嚴師畏友之是對

권두경權斗經 1654~1725, 「재목서안명梓木書案銘」, 『창설재집蒼雪齋集』

책상은 네모반듯하다. 유학에서 가르치는 것도 반듯한 사람이 되라는 것이다. 그 가르침대로 인격을 가다듬으려 항상 소망하는 사람은 사물을 보는 시선도 남다르다. 네모반듯한 책상을 만드는 과정을 보면서 자신이 어떻게 성숙해 가야 할지, 스스로를 어떻게 다듬어 가야 할지를 생각한다.

먼저 먹줄을 써서 나무를 똑바르게 재단한다. 이 똑바르게 하는 과정을 보고 있자니, 군자가 갖추어야 하는 '직直'의 덕목이 떠오른다. 군자는 '경이직내敬以直內'해야 한다. 즉 배움에 몸담은 사람이라면 '경敬'으로써 내면을 곧게 해야 한다는 것이다. 경은 삼가는 것이고, 엄숙하게 하는 것이고, 단정하게 하는 것이다.

마음은 항상 외적인 상황에 흔들리게 마련이다. 정함도 없고 방향도 없다. 언제부터 흔들렸고 어디로 가고 있는지 스스로 돌아보기 어려운 게 마음이다. 그런데 그 마음에 따라 선과 악이 발생한다. 당연히 마음을 항상 고요하게 안정시킬 필요가 있는 것이다. 마음을 '경'으로 다잡아 마음이 똑바르게 한곳에 집중할 수 있게 하고 산만하게 마음이 움직이는 일이 없도록 항시 훈련해야 무엇을 배우든 배움과 삶이 따로 놀지 않을 수 있다.

다음으로 곱자를 써서 나무를 네모반듯하게 만든다. 네모반듯한 것을 '방정方正하다'라고 한다. 어떤 사람의 행동이 바르고 모범이 되는 것도 방정하다고 표현한다. 당연스레 군자가 갖춰야 할 '방方'의 덕목이 떠오른다. '의이방외義以方外', 즉 배움에 몸담은 사람이라면 '의義'로써 자신의 외면을 방정하게 해야 한다. 의는 옳음이고 마땅함이다. 옳고 마땅하거든 행하라. 그것이 배운 사람이 어떤 일을 행할 때 갖추고 있어야 할 자세이다. 저 사람이 방정한지 아닌지는 그의 행동으로 드러난다. 누군가의 행동이 세상이야 어떻든, 다수야 뭐라고 하든 옳은 것 마땅한 것을 기준으로 삼아 이루어진다면 사람들은 그를 방정하다 할 것이다.

네모반듯하게 책상의 모양을 잡고 나면 톱으로 썰어 내고 모난 부분을 숫돌로 갈아 다듬는다. 경과 의로 내 마음과 행동의 큰 틀을 디자인했다. 자, 그렇다면 다음 순서는? 자신과의 싸움이 남았다. 순간순간 솟아나는 이기심과 타인에 대한 적의敵意를 실질적으로 손봐야 한다. 스스로 잘라 내고 스스로 갈아 내야 한다. 실제로 자기 자신을 다듬어 가는 과정은 고통스럽기 짝이 없다. 이기심과 적의는 그럴싸한 이유로 합리화되기 일쑤이다. 그러나 이 마음과 이 마음으로 비롯된 행동을 통제하지 못하는 한, 내 말과 행동은 서로 어긋나서 세상의 비난거리가 될 뿐이다.

완성된 책상에는 이제 손때가 묻을 것이다. 손때는 익숙해짐이다. 선비다운 선비가 되는 설계와 실행도 오랫동안 행해서 몸과 마음에 익숙해지면 처음보다 덜 노력해도 더 자연스럽게 이루어질 것이다. 마음도 행동도 내 것이지만 내 뜻대로 할 수 있는 것이 아니다. 꿈꾸고 설계하고 실행하고 다듬고 익숙해져 가야 비로소 내 것이 되는 것이다.

빗으로 배우는 마음 손질

마음은 다스리지 않으면 心不治
바르지 않고 不正
머리털은 손질하지 않으면 髮不理
가지런하지 않은 법이지 不整
머리털 손질하는 것은 理髮
응당 빗으로 해야 하고 當以梳
마음 다스리는 것은 治心
응당 경으로 해야 하리 當以敬

권필 權韠 1569~1612, 「**소명** 梳銘」, 『**석주집** 石洲集』

휴일 아침에 머리를 감으면 "오늘 약속 있어?" 하고 묻는 사람이 있다. 휴일에도 최소한 이는 닦고, 경우에 따라서 세수까지는 한다. 그러나 대개 머리는 감지 않는다. 누군가의 하루가 어떨지는 머리를 보면 짐작할 수 있다. 세수하는 것보다 시간도 많이 걸리고, 감고 나오면 말려야 하고, 말리면서는 모양도 잡아야 하니, 휴일에 공연한 일로 괜한 노력과 시간을 쏟을 리 없는 까닭이다.

이렇게 보면 빗질을 한다는 건 세수나 양치질과 다른 의미를 갖는다고 할 수 있다. 위생에만 관련된 것이 아니라 마음과 자세를 결정하는 행위이기도 하기 때문이다. 그래서 머리카락은 자기 관리의 시작이다. 머리에 까치집을 지은 채로 화려한 옷과 귀금속 장신구로 치장하는 사람이 없고, 머리를 감고 빗질해서 모양을 잡아 정리하고서 목이 늘어나고 무릎이 다 나온 트레이닝 복을 입고 소파에 드러눕는 사람도 없지 않은가.

약속이 있든 없든, 회사나 학교에 가든 안 가든, 집 밖을 나설 것이든 아니든 머리를 감고 정리하며 하루를 여는 사람은 집에서의 몸가짐과 옷차림도 정리되어 있을 확률이 크다. 별것 아닌 듯 보이는 머리카락 관리는 그래서 마음 관리와 아주 밀접하다. 특히나 조선 시대 사람들은 누구나 긴 생머리를 촘촘한 참빗으로 가지런하게 빗어 여자는 쪽을 지었고 남자는 상투를 틀어 올렸다. 단정하기 이를 데 없는 머리 모양이었다. 그렇게 깔끔하게 매만지는 동안 거울로 자기 모습을 들여다봤다. 무질서가 질서로 변하는 모습을 보며 마음도 따라서 차분해지고 다소곳해져 갔을 것이다.

빗질을 통해 가지런하기 이를 데 없는 머리 모양을 만들어 내는 일련의 과정은 마음을 오롯하게 한곳에 집중해서 잡념이 없게 하는 '경敬 공부'와 닮았다. 머리카락 한 올도 흐트러지거나 빠져나와서는 안 된다. 너무나 가지런한 모양이기 때문에 한 올만 자리를 벗어나도 금세 눈에 띈다. 경 공부도 마찬가지이다. 마음이 산만한 사람은 자기 마음이 지금 어디 있는지조차 알지 못하고 자기 마음이 아닌 양 다스리지도 조절하지도 못하지만, 경 공부로 늘 마음을 바루어 한곳에 집중해서 다스려 온 사람은 마음이 흐트러질 때 곧장 스스로 눈치챌 수 있다. 자기 마음의 향방을 알고 조절할 줄 알아야 비로소 내 마음의 주인이 '나'라고 말할 수 있을 것이다. 선비들에게 경 공부는 마음에 하는 빗질이었다.

외부가 흐트러졌는데 내부만 바를 수는 없다. 맹자도 뜻이 기氣 육체를 다스리는 것이지만 기를 함부로 다루어서는 안 된다고 말했다. 정신과 육체는 한 인간 안에 동시에 깃들어 있기 때문에 서로 영향을 주고받을 수밖에 없다. 그래서 선비는 외출을 하건 안 하건, 집무실에 나가건 안 나가건 몸가짐을 바르게 했다. 자기 관리라는 말이 요즘은 외모 가꾸기의 의미로 많이 쓰이지만 실은 정신을 관리하는 방법이다. 자기 관리는 가꾸는 게 아니라 정리하는 것이다. 빗질은 작은 일이지만 마음을 관리하는 출발점이다. 큰일은 언제나 작은 일을 바라보는 시선의 차이에서 결정되는 법이다.

둥근 부채로 하고 싶은 일은

푸른 대나무로 둥글게 만들어	綠筠作團
얇고 흰 비단으로 꾸며 놓으니	裝以氷綃
서늘한 바람이 절로 오는 건	涼風自來
부르지 않아도 그리되는 것	不召不招
슬프도다, 중생의 세상이여!	哀哉三界
도자 굽는 가마처럼 뜨거우니	煎爍如窯
원컨대 이 부채 손에 쥐고	願以此扇
펄럭펄럭 흔들어 부채질하라	是簸是搖

청량함으로 그 열기 씻어 내려 濯之以淸
타들어 가는 그대 구해 주리라 救爾之焦

이규보李奎報 1168~1241,「단선명團扇銘」,『동국이상국집東國李相國集』

대나무를 가늘게 쪼개 부챗살을 만들고 그 위에 얇고 하얀 비단천을 씌워 넉넉한 크기의 동그란 부채를 만든다. 위아래로 천천히 흔들어 보니 서늘한 바람이 금세 와 닿는다. 분명 조금 전까지 바람이라곤 없었는데, 둥근 부채 하나 손에 넣자 어느새 바람이 내 곁으로 다가왔다. 와 달라 부탁한 적도 없는데 둥근 부채를 흔드는 사이 어디선가 바람이 제 스스로 나를 찾아왔다. 둥근 부채 하나에 바람의 신이라도 된 듯 여름이 상대해 볼 만한 적수처럼 느껴진다.

선선함을 즐기다 문득 열기로 가득한 세상이 눈에 들어온다. 속이 바짝바짝 타들어 가고 온몸에 열기가 치솟는 건 비단 더위 때문만은 아니다. 세상을 뜻한 대로 살기 어려워 열이 오른다. 먹어야 살 수 있어 먹다 보니 먹는 것 자체에 욕심이 생기고, 서로 어울려 살아가야 하다 보니 맘에 드는 사람을 오롯이 독차지하고 싶은 마음이 생기고, 사는 데 필요한 것을 마련하려다 보니 그것을 살 수 있는 재물에 눈을 뜨게 된다. 필요하다고 생각했던 모든 것이 한순간 경계선을 무너뜨리고 욕망으로 바뀌어

나를 지배하기 시작한다. 소유해도 만족을 느낄 수 없고, 소유할 수 없으면 애가 탄다. 그런 삶이 괴로워 수양하고 노력해서 애써 욕심을 떨쳐 내도 여전히 내 의지와 상관없이 불쑥불쑥 일어나는 유쾌하지 못한 일들, 결국 욱하는 기운이나 내재된 불만이 남는다. 죽을힘을 다해 이런 것마저 정리해도 욕망의 궁극적 주체인 '나'라는 불씨가 남는 건 어쩔 수 없다. 욕망과 욕망이 충돌하느라 세상은 여름이 아니어도 불구덩이 같다. 섭씨 1000도를 훌쩍 넘어서는 도자 가마의 강렬한 불꽃보다 더한 번뇌의 구덩이에서 고생하는 중생을 잠시나마 식혀 줄 부채가 있다면 얼마나 좋을까 하는 생각이 간절해진다.

둥근 부채 하나 만드는 건 전혀 어렵지 않다. 대나무 부챗살 몇 개와 얇은 천 하나만 있으면 해결되는 일이다. 그러나 여름의 열기가 더해 갈수록 팔을 휘저어야만 시원해지는 부채로는 아무래도 부족하다. 내가 바람을 좀 더 쉽게 쐴 수 있게 누가 부채질을 해 주면 좋겠다. 남이 대신해도 부채질로는 바람이 약하다. 선풍기가 필요하다. 한더위가 닥치면 선풍기는 더운 바람을 돌릴 뿐이다. 에어컨이 필요하다. 결국 우리에게는 바람마저도 욕망의 일부분이 되는 것이다. 그러니 아무리 에어컨을 틀어도 마음속에 일어난 욕망의 불구덩이는 조금도 서늘해질 수 없다.

어디서 왔다 어디로 가는지 알 수 없는 것이 바람이다. 부채는 그 바람을 인위적으로 만들어 낸 첫 번째 발명품이다. 바람을 우리 마음대로 통제할 순 없지만 분명히 바람은 때가 되면 불어 온다. 부채의 둥근 모양처럼 대기는 순환하기 때문이다. 둥근 부채를 부칠 때마다 내 노력으로 만들어 낸 작은 바람에 감사하며 둥근 세상에서 언젠가 오고야 말 거대한 바람의 순환을 기대하고 기다리는 법을 배울 수 있다면, 비로소 삶의 열기로부터 조금씩 벗어날 수 있지 않을까 가만히 생각해 본다.

화로 받침이 화로를 끌어안는 지혜

타오르는 불꽃과 이웃하고도	與熇熇爲隣
화재를 당하지 않는 것은	而災弗及身
지나치게 가까이하지는 않아서라네	惟不昵以親

이남규李南珪 1855~1907, 「노반명爐盤銘」, 『수당집修堂集』

화로 안에는 이글이글 타오르는 숯덩이가 담겨 있다. 그런 화로를 곧장 바닥에 놓아둘 순 없다. 바닥을 태워 불이 날 수 있기 때문이다. 두툼한 나무로 받침을 삼아 그 위에 화로를 올려놓는다. 나무가 불을 이고 있게 한 셈인데 불을 잘도 버텨 낸다. 가만히 보고 있자니 신기한 노릇이다. 적당한 거리만 유지하면 나무도 불을 이고 있을 수 있구나!

화로에 담긴 불을 바라보고 있는데 어디선가 나방 한 마리가 곁으로 날아왔다. 화로 옆에서 조금 날갯짓을 하는가 싶더니 나방은 이내 빨려 들듯 불꽃 속으로 사라졌다. 나무 받침은 온전한데 불과 별 관련이 없던 나방이 되레 불꽃에 잡아먹혔다. 화려함과 밝음에 취해 거리 두기를 잊었기 때문이다. 생각해 보면 화로 안에서 타고 있는 숯도 불과 거리 조절을 못한 나무이다. 가까이 있으되 직접 불에 뛰어들지 않은 나무 화로 받침만이 불꽃의 위험에서 벗어날 수 있었다. 빛을 위해서도, 온도를 위해서도, 조리를 위해서도 불은 인간의 삶에 반드시 필요하다. 다만 절대 필요한 만큼 절대 위험할 뿐이다.

세상에는 불처럼 필요하고 불처럼 위험한 게 엄청나게 많다. 실제로 호되게 당하고 난 뒤에 물러서서 화상의 흔적을 들여다보며 괴로워하기도 한다. 사랑도, 우정도, 욕망도, 공부도, 일도, 사회 활동도 모두 한 사람의 인생길에 반드시 있고 꼭 필요한 것이지만 순식간에 빠져들어 거리 조절에 실패하는 순간 나를 집어삼키는 불꽃이 된다. 맨 처음 손댈 때는 그렇게까지 빠져들 줄 모르고 시작하는 경우가 대부분이다. 그 과정을 아는 사람이 충고해도 이겨 내고 조절할 수 있다는 확신에 소홀히 하게 마련이다. 그러다가 고삐를 놓쳐 버리고 나도 나를 어찌하지 못하는 상황으로 치닫는 것이다.

『황금 알을 낳는 거위』라는 동화가 있다. 어느 시골 농부가 키우던 거위가 황금 알을 낳기 시작했다. 그 거위는 하루에 한 알씩 따박따박 낳아 주었고, 농부는 그것을 팔아 부자가 되었다. 처음에는 이게 웬 횡재인가 하다가 돈맛을 보기 시작한 농부는 점점 하루에 한 알밖에 황금 알을 낳지 않는 거위를 기다리기가 힘겨워졌다. 거위 배 속에는 어마어마한 황금이 있으리라는 생각이 들었다. 결국 유혹을 이기지 못하고 거위 배를 갈랐다. 그러나 거기에는 거위의 내장 말고 아무것도 없었고, 농부의 즐거운 인생만 끝장나고 말았다. 본디 거위를 공들여 키운 농부는 황금 알을 낳기 시작하자 거위와 함께 잘 지내던 자기 삶의 방식을 잊었다. 황금 알에 사로잡혀 버린 것이다. 황금 알에 빠져든 농부의 욕망은 거위가 죽고 나서야 끝이 났다. 처음 시작해 서서히 익숙해져 가던 모든 것이 어느 순간 황금 알을 낳아 주기 시작하면 인간은 대개 거리의 중요성을 잊는다. 하루에 한 알씩 낳아 주는 황금 알을 기다리는 기쁨도, 그런 거위를 사랑해 주는 방법도 잊는 것이다.

한순간의 폭주에 거위가 죽고, 불꽃이 옮겨 붙어 화재를 입는다. 인간의 생각은 한쪽으로 쉽게 치닫는 습성을 가지고 있기 때문에 이런 상황이 발생한다. '객관'을 상실하면 인간의 삶에 꼭 필요하고 크게 도움을 주던 불은 되레 인간을 태우고 만다. 다만 거리를 둘 줄 알면 상극인 위험도 거뜬히 지고 갈 수 있다. 유용함이 끝내 유용함으로만 남을 수 있는 것이다. 작은 사물에서 얻는 지혜가 참으로 크다.

북 매는 나무

특별한 나무, 저 혼자 특별하다고 특별해지는 것 아니지

木之奇兮不自奇

알아주는 자가 알아봐 줘야 북 매다는 축이 되는 법

而遇知者知鼓而鼓之

그저 그런 만남 아니라 큰 만남의 기회 얻게 된다면　若大遇也

온 세상이 특별하다 해 주는 칭찬을 듣게 되리라　宜天下稱奇

위백규魏伯珪 1727~1798, 「**고축명**鼓軸銘」, 『**존재집**存齋集』

영조와 정조 시대, 전라도 장흥長興에 학식이 뛰어나다고 소문난 선비가 살았다. 바로 지은이 위백규였다. 그는 6세에 글을 지을 줄 알았고, 8세에 역학易學에 취미를 붙였으며, 10세 이후에는 제자백가諸子百家를 탐독해서 천문 지리에서부터 수레나 배 같은 일상 도구 만드는 법에 이르기까지 모르는 게 없었다. 25세에 본격적으로 유학을 공부했는데, 이때도 그는 학당 최고의 학생이었다. 그리고 24세에는 학문과 행실로 이미 향천鄕薦을 받기도 했다. 이 정도면 중앙 정계로 진출해 세상을 경영해 보겠다는 꿈을 꾸고도 남을 이력이었다. 그러나 불행하게도 계속해서 과거에 낙방했고, 결국 뜻을 접고 향촌에 머무르며 학문과 경세론經世論의 깊이를 더하는 데에 매진했다. 웅숭깊어지는 그의 학문은 역으로 서울에 소문이 나서 마침내 68세에 현감 등의 관직에 제수되었고, 저술한 책도 절반이 규장각에 소장되는 영예를 누렸다. 그러나 사나이 품은 뜻을 펼쳐 보기에는 이미 늦은 나이였고, 너무 낮은 자리였다.

이 글을 읽노라면 지은이가 한평생 동안 느꼈을 답답함이 곧바로 가슴에 와 닿는다. 어느 날 동네 두레 북社鼓을 매달아 둔 축이 위백규의 눈에 들어왔다. 나무의 힘줄 하나, 뼈 하나, 큰 마디, 작은 옹이에 터럭만큼도 사람이 만든 기교가 없는데 그 자체로 완벽하게 북을 매다는 축이 되었다. 천연적으로 완성된 것인데 어쩌면 이렇게 완벽할 수 있을까! 그는 명만 써 두는 것이 아쉬워 긴 서문을 남겼다. 서문을 통해 엿볼 수 있는 이 축의 모양은 상상만으로도 특별하기 그지없다. 앞쪽은 용을 닮아 꿈틀거리며 힘차게 올라갔고, 중간 허리 부분은 북 고리를 매달고 힘이 드는 듯 낙타 등처럼 불쑥 튀어나왔으며, 네 다리는 무게를 견디는 듯 꺾이고 뻗쳤는데, 이런 자연스레 구부러진 모양은 하나의 완전한 조화를 이루어 학의 날갯짓 같기도 하고, 창이나 방패나 칼을 들고 무무武舞를 추는 소년 같기도 한 리듬감을 형성하고 있다. 나무는 북을 매달기 위해 태어나고 자란 것 같은 모습이다.

그러나 나무가 아무리 이런 모양으로 자랐더라도 가치를 알아채는 사람이 없었다면? 음악을 아는 사람이 이 나무를 발견했으니 북 매다는 축이 되어 북과 함께 더없이 아름다운 조화를 이뤘지, 만약 그저 평범한 나무꾼에게 발견되었다면 땔감이나 되었을 것이다. 가능성은 그 가능성을 알아주는 이를 만나야 비로소 의미를 갖게 된다. 위백규가 살았던 조선 후기는 이미 관직에는 적체된 인원이 차고도 넘쳤고, 그나마 가뭄에 콩 나듯 자리가 나도 힘 있는 자들끼리 자기 사람으로 다 채워 가졌다. 서울 출신도 과거에 급제해 좋은 관직에 오르기는 이미 어려워진 형편이었는데, 지방 출신이 그렇게 한다는 건 거의 불가능에 가까운 일, 서울과 지방의 격차는 한없이 벌어졌다.

이런 상황은 오늘날과 매우 많이 닮은 것 같다. 스펙을 잔뜩

쌓은 젊은이들이 갈 일자리가 없다. 게다가 한양 중심의 사회 운용은 지금까지 여전해서 모든 힘이 서울로 쏠리니, 지방 출신 젊은이들은 더더욱 삶을 꾸려 가기가 어렵다. 기회에 대한 목마름이 나라를 가득 채우고 있다. 닫힌 사회, 부패한 사회로 멸망을 초래한 건 조선으로 충분하다. 위백규가 느꼈던 답답함이 더 이상은 반복되지 않는 대한민국을 꿈꾸어 본다.

대추나무 목침

백 년 묵은 대추나무에	古棗百年
무시무시한 벼락이 내리쳤네	疾雷擊
깎아서 목침을 만드니	斲爲枕
도깨비와 악귀들이 두려워하네	鬼魅慴
도깨비와 악귀들, 벼락 맞은 걸 무서워함 아니라	匪鬼魅慴雷擊
이 목침이 군자 곁에 있음을 두려워하는 게지	慴玆枕隨君子之側

이덕무李德懋 1741~1793, 「**조목침명**棗木枕銘」, 『**청장관전서**靑莊館全書』

이 명의 제목 곁에는 "벼락 맞은 대추나무로 목침을 만들면 온갖 악한 귀신을 도망가게 할 수 있다."라는 짧은 서두가 있다. 지은이 이덕무가 살던 때도 벼락 맞은 대추나무는 악귀를 쫓는 데 효험이 있다는 속설이 널리 퍼졌던 모양이다. 스마트폰이 대한민국 모든 사람의 손에 들려 있고, 우주여행을 꿈꾸고, 인공 지능이 인간의 일을 대체하네 마네 하는 21세기에도 이 속설은 여전히 유효하다. 벼락 맞은 대추나무는 액운을 막아 준다는 이유로 각종 액세서리와 도장 등을 만드는 재료로 널리 쓰고 있다. 아무리 과학이 발전해도, 볼 수 없고 만질 수 없고 증명할 수 없어 있다고도 없다고도 할 수 없고 통제마저 불가능한 영적인 세계와 그곳의 존재들은 인간에게 여전히 두려움의 대상인 모양이다.

이덕무가 살던 마을 어귀에 우뚝 서 있던, 백 년 된 대추나무는 마을 사람들에게 그늘도 주고 열매도 주더니 날씨가 심상치 않은 어느 날 벼락을 맞았다. 대추나무는 예로부터 쓰임새가 다양했다. 열매는 붉게 익으면 달고 과즙이 많아 날것으로도 먹고 찌거나 말려서도 먹는다. 『동의보감東醫寶鑑』에는 쪄서 먹으면 장과 위를 보호하고 살이 오르게 하고, 말려서 먹으면 속을 편안하게 하고 비장脾臟에 영양을 주며 오장五臟을 보호하고 여러 약을 조화하는 능력이 있다고 했다. 그뿐 아니라 씨와 이파리도 가치가 있어서, 씨는 잘 말리고 묵혀서 구워 먹으면 복통을 진정시키고, 이파리는 말려서 가루를 내어 먹으면 살이 빠지고 즙을 내서 바르면 땀띠에 효과를 볼 수 있다고 한다. 그리고 대추나무의 몸통은 조직이 치밀해서 방망이나 떡매처럼 단단한 기구를 만드는 데 썼다. 게다가 붉은 대추 열매는 제사에서 빠질 수 없는, 첫 번째로 거론되는 제사 음식이었다. 또 아닌 밤중에 홍두깨라고 느닷없이 벼락을 맞고 수명을 다하게 되면 되레 몸값이 치솟는다. 지난날 대추나무는 어느 하나 버릴 것 없이 십분 활용되는, 그야말로 '아낌없이 주는 나무'였던 것이다.

이 글의 주인공인 대추나무도 그러했을 것이다. 오랜 세월 마을을 지키며 마을 사람들과 함께 살아오던 대추나무가 벼락을 맞았다. 날씨가 개자 마을 사람들이 달려 나왔다. 대추나무에 대한 자신들의 지분을 말하며 한동안 마을이 떠들썩거렸다. 이덕무도 덩달아 그 주위에서 서성이다가 한 조각 얻었다. 기분 좋은 소득이었다. 이 나무로 뭘 하나 고민하다가 목침을 만들기로 마음먹었다. 동글동글 잘 다듬어 목침을 만들어서 곁에 두고는 누워도 보고 만져도 보니, 나쁜 운이나 사악한 귀신이 방 근처에 얼씬거리지도 못할 것 같은 느낌이다. 꽤 마음에 든다. 그러나 유학자라는 명색을 잊지 않고 목침이 된 벼락 맞은 대추나무에게도 악귀에게도 두려움의 핵심에 관한 자신의 입장을 분명히 밝혀 둔다. "벼락보다 무서운 건 추상같은 정신을 소유한 '나'란 말씀!" 딸깍발이의 마침표가 조금 귀엽다.

투호 놀이 할 때도

네 몸을 곧게 하고	直爾躬
네 마음을 바르게 하여	正爾心
네 화살을 쏠 것	發爾矢
비록 들어가지 않더라도	雖不中
이긴 자를 원망하지 말고	不怨勝
자기 스스로를 돌아볼 것	反諸己
몸을 구부리고 팔을 당겨	俯身引臂
기필코 이기고 보는 건	務勝必得

소인들이 하는 짓	小人之爲
확고하여 흔들리지 않고	確然不動
의연하여 고치지 않는 건	毅然不改
군자가 하는 행동	君子以之

정조正祖 1752~1800, 「투호명投壺銘」, 『홍재전서弘齋全書』

세손 시절 정조가 하루는 시강원侍講院의 숙직실에서 나는 시끄러운 소리를 들었다.

"턱!"

"에이! 이런!"

"텅!"

"아싸! 이번엔 내가 이기겠고만! 와하하하하!!"

"무슨? 어림없는 소리!"

무슨 일인지 알아보도록 하니, 한창 투호投壺 놀이를 하는 중이라는 보고가 돌아왔다. 열기가 고조될수록 언성과 환호도 저절로 올라간 모양이었다. 이렇게 왁자지껄한 것을 보면 내기라도 건 걸까? 놀이를 즐기는 것은 좋으나 이기려는 마음이 앞서서 시끄럽게 떠드는 건 배운 사람답지 못한 행동이다. 이에 정조는 명을 지어 보덕輔德 이진형李鎭衡에게 내려 다들 조심하게 했다.

투호는 길쭉한 항아리를 앞에 두고 일정한 거리 뒤에 서서 화살처럼 깎아 만든 긴 막대를 던져 그 항아리나 항아리 귀에 많이 꽂는 수효로 승부를 가리는 놀이이다. 요즘의 다트 놀이와 비슷한데, 다만 던질 때 양쪽 어깨에 균형을 잡아 어깨가 기울어지지 않은 상태에서 던져야 한다는 규칙이 있다. 이런 규칙이 있는 것은 이 놀이를 할 때 항아리에 꽂는 데만 신경 쓰느라 사람들이 자기도 모르게 어깨의 균형을 깨고 자꾸 몸을 앞으로 당기기 때문일 것이다.

조선 시대 선비는 대개 문文에만 힘쓸 뿐 무武에는 관심을 거의 두지 않았다. 그렇지만 크게 장려한 무예가 한 가지 있었으니, 바로 활쏘기였다. 활쏘기의 성패는 집중력에 달려 있다. 결과적으로 서로 실력을 겨룰 수는 있지만 활시위를 당기는 동안만은 오직 자신과의 싸움이 있을 뿐이다. 주변 상황이 어떻든 내 정신과 호흡을 가다듬고 나를 바르게 해야만 좋은 결과가 나온다. 좋지 않은 결과가 나왔다면 남을 탓할 것 없이 그저 나의 어디가 흐트러졌는지만 돌이켜 보면 된다. 활쏘기는 남의 실수 같은 요행수를 바라지 않고 철저히 자기 자신을 돌아보는 무예이므로 선비의 수양 방법으로 각광을 받았던 것이다.

투호도 활쏘기와 원리는 비슷하다. 내 정신이 흐트러지면 항아리에 투호대를 정확히 꽂을 수 없다. 그래서 정조는 활쏘기 하듯 자기 수양하는 자세로 투호를 해야 한다고 요구하고 있다.

겨우 놀이일 뿐인데 이렇게까지? 너무 진지한 충고라는 생각마저 든다. 하지만 습관이 사람을 만든다는 점을 생각하면 가벼이 지나칠 충고가 아닌 것도 같다. 풀어져 즐기는 순간에도 지켜지는 무의식적 마지노선이 자기 인성의 한계선이기 때문이다. 마냥 진지하기만 한 이런 고언을 귀찮아하지 않고 자신에게 적용해 본다면 무심결에 저지르는 큰 실수를 줄여 갈 수도 있을 것이다.

대나무 창에 담아낸 깊이

활짝 열린 그 창에	有闢其窓
무성한 것 대나무로다	有鬱者竹
군자가 거주하는 곳	君子攸宇
그 정조, 굳고 고운 옥과 같네	其貞如玉
좌우 곁에 책을 두고	左圖右書
아침저녁 펼쳐 보니	閱此朝夕
대나무에 끌려서가 아니라	不物於物
마음의 즐거움을 즐기는 것이라네	維樂其樂

정도전鄭道傳 1342~1398, 「**죽창명**竹窓銘」, 『**삼봉집**三峯集』

지은이 정도전은 어느 날 관료이자 학자인 이언창李彦暢 선생의 호가 죽창竹窓, 즉 대나무로 만든 창이란 것을 알게 되었다. 문득 호를 그렇게 지은 이유가 궁금해졌다. 혼자 유추해 보다가 타인의 호를 자기가 유추하는 건 사리에 맞지 않다는 생각이 들어 찾아가 직접 물어보았다.

"사람들 말이 선생님 호가 '죽창'이라더군요."

"네. 그렇습니다만?"

"다름이 아니라 그 이유가 궁금해서요. 대나무의 무엇 때문에 그 호를 사용하셨는지요? 대나무는 속은 비어 있고, 마디는 곧고, 푸른빛은 차가운 겨울을 겪어도 변하지 않죠. 그래서 군자들이 대나무를 보고 자기 지조를 가다듬었더랬죠. 『시경』에서도 군자의 자질이 아름다운 것이나 학문을 스스로 닦아 나가는 것을 대나무에 비견해 시를 읊었으니, 아주 의미가 깊은 비유라고 할 수 있어요."

"아, 물론 그렇죠."

"옛날 사람들이 찬탄한 대나무의 특성이 한둘이 아닌데, 선생님께서는 대나무의 어떤 특성을 아름답게 여겼기에 이런 호를 지으신 건지요?"

"아, 그게……. 저는 그런 고상한 지론은 없어요. 그저 대나무는 봄에는 소리가 높고 명랑해서 새소리 같고, 여름에는 기운이 맑고 상쾌해서 바람을 닮았고, 가을 겨울에는 모양새가 깨끗하고 시원한 것이 하얀 눈 같기도 달 같기도 하답니다. 아침 이슬, 저녁 연기, 낮 그림자, 밤 소리에 이르기까지 그것을 통해 눈과 귀에 와 닿는 모든 것은 세속의 때가 묻은 것이라곤 없죠. 그래서 저는 일찍 일어나 세수하고, 이 대나무 창에 앉아 탁자를 정돈하고 향을 피운 다음 글을 읽기도 하고 거문고를 타기도 해요. 또 때로는 온갖 생각을 떨치고 다만 묵묵히 앉아 있다가 제가 대나무 창에 기대고 있다는 것조차 잊어버리기도 하지요. 그냥 이렇듯 대나무 창을 무심하게 즐길 뿐이랍니다."

"와, 이런 고상함이라니요! 대나무를 즐기는 것이 아니라 마음에 얻은 것을 대나무를 빌려 말씀하셨을 뿐이군요! 저…… 실례가 안 된다면 이런 아름다움에 대해 제가 명을 지어 보고 싶은데, 괜찮으시겠습니까?"

"어이쿠, 과찬이십니다. 삼봉三峯 선생께서 명을 지어 주신다면 제게는 더없는 영광이고 기쁨이지요. 허허!"

여기까지가 죽창이란 호와 명이 생기게 된 내력이다. 이 명은 글 자체도 좋지만 그 이전에 두 사람이 묻고 대답하는 모습이 더 매력적이다. 좋은 질문이 좋은 답을 만든다는 말의 전형을 보는 듯하다. 죽창의 뜻은 유추하기 그다지 어렵지 않다. 대나무로 만든 창이 있는 집에 사는 사람인가 보다 넘겨짚을 만한 호이다. 그러나 정도전은 이언창을 직접 만나서 물어봤고, 그랬기 때문에 답을 들으며 아울러 그의 깊이까지 볼 수 있었다.

뻔해 보이는 것이 실은 전혀 뻔하지 않을 때가 있다. 넘겨짚기보다 상대에게 자신의 깊이를 직접 드러낼 기회를 준다면 오히려 질문한 사람이 더 많은 것을 얻을 수 있다. 또 앞뒤 없이 툭 나 하고 싶은 질문만 던지는 것이 아니라 질문 자체에 성의와 깊이를 담는다면 상대가 하는 답에도 최선을 다해 스스로를 보여 주는 정성이 들어 있기 마련이다. 정도전이 자신이 알고 있는 바를 성심껏 말하며 물었기 때문에 이언창의 진실되고 곡진한 대답을 들을 수 있었다. 내가 먼저 예를 차려야 상대도 예를 다해 되돌려 준다. 현명한 질문과 슬기로운 답 속에서 둘 사이에 아름다운 추억이 탄생했다. 둘이 주고받는 대화가 대나무 숲보다 푸르고 시원하게 느껴진다.

장지로 가린 뜻

장지가 가려 방이 어두워졌다고 毋謂室暗
혹시라도 삿된 생각일랑 말게나 而或思邪
이것이 바깥을 막아 주는 것은 玆之防外
너 좋으라고 가려 주는 것 아니니까 匪爲汝周遮

이남규李南珪 1855~1907, 「**장명**障銘」, 『**수당집**修堂集』

장지는 한옥에서 방과 방 사이나 방과 마루 사이에 칸을 막기 위해 끼우는 문을 말한다. 공간을 활용하기에 따라 언제든 세우고 치울 수 있게 만든 것이다. 지금으로 치면 칸막이나 홀딩도어쯤이 되겠다.

늘 열려 있던 공간에 장지를 내려 공간을 구획했다. 방이 좀 컴컴해지면서 아늑해진다. 사람은 대개 좁고 약간 어두운 공간에서 편안함을 느낀다. 외부와 차단되어 자신이 노출되지 않는 개인적인 공간이 확보될 때 심리적인 안정감을 갖는 것이다. 인간에게는 광장과 동굴이 모두 필요하다. 나를 드러내고 타인과 교류할 공간도 있어야 하고, 아무도 끼어드는 일 없이 혼자만의 시간을 가질 수 있는 공간도 있어야 한다. 그러나 막상 확 트였던 공간이 가리고 나니 아늑한 느낌이 들면서 딴생각이 솔솔 솟아난다. 남이 보지 않으니까 마음껏 풀어져도 좋을 것 같다. 뭘 좀 몰래 해 볼까 생각하는 자신을 문득 발견한다. 고작 장지 하나 쳐 놓았다고 마음이 이렇게 풀어지다니……. 지난 세월 그토록 해 온 마음 수련 곧 경 공부는 다 어디로 간 것인가. 스스로 겸연쩍어진다.

『중용』에 이런 말이 있다. “도라는 것은 잠깐 동안이라도 떨어질 수 없는 것이니 떨어질 수 있다면 도가 아니다. 이 때문에 군자는 보지 않아도 조심하고 듣지 않아도 두려워한다. 숨어 있는 것보다 더 잘 드러나는 것이 없으며 미세한 것보다 더 잘 나타나는 것이 없으니, 그러므로 군자는 그 홀로 있을 때를 삼간다.道也者 不可須臾離也 可離非道 是故君子戒愼乎其所不睹 恐懼乎其所不聞 莫見乎隱 莫顯乎微 故君子愼其獨也" 그 유명한 신독愼獨에 대해 말하고 있는 구절이다.

인간이 걸어야 할 길을 탐구하다가 내가 어떤 길을 찾아내 그 길을 걷기로 결심했다면, 그것은 남이 시킨 것도 아니고 그렇게 하면 보상을 받기 때문에 그렇게 하는 것도 아니다. 잠시라도 떨어질 수 없는 것이 도이고, 외물外物을 접하기 전부터 스스로 경계하고 조심하는 것이 군자의 자세이다. 그래서 진짜 지성인이라면 '홀로'를 삼가게 된다. '홀로'라는 것은 실제 혼자 있는 것을 의미하기도 하고, 아무도 모르는 나 혼자만의 마음을 뜻하기도 한다.

내가 현재 사람이 많은 곳에 있다면 행동을 절로 조심하게 된다. 보는 눈이 많기 때문이다. 그럴 때는 마음을 주의해야 한다. 백만 명이 함께 있어도 내 마음은 나만 아는 것, 그래서 방정한 겉모습과 달리 속으로 온갖 잘못된 마음을 먹을 수 있기 때문이다. 나 혼자 있다면 행동을 주의해야 한다. 보는 눈이 없으니 긴장이 풀어져 하고 싶은 대로 움직일 수 있기 때문이다. 배움과 인품과 삶이 일치된 사람이 되려면 함께 있든 혼자 있든 누가 보든 안 보든 한결같아야 한다. 그래서 홀로를 삼가는 '신독'이 중요한 것이다.

특별히 남이 모르는 곳에 찾아 들어간 것이 아니라 그저 장지를 쳤을 뿐인데 아늑한 공간감에 몸과 마음이 풀어지려 하는 자신을 발견한다. 인간은 누구든 이만큼은 나약하다. 그래서 이렇게 명을 남겨 스스로를 경계해 본다. '너 좋으라고 가려 주는 게 아니란다, 이 사람아!'

손금에 담은 경계

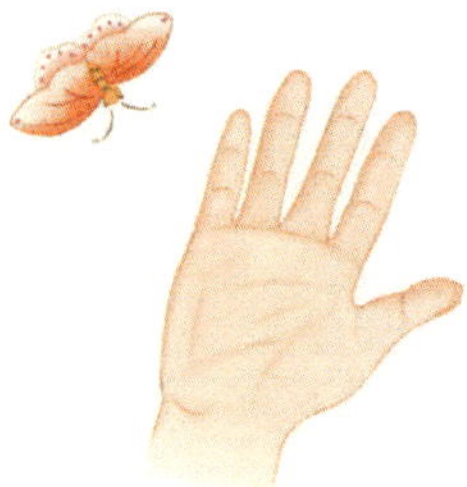

사람은 인의 덕으로 人以仁德
사람의 천성을 실천할 수 있네 能踐人形
천성이 제대로 실천된다면 形能有踐
내 어찌 몽매한 짓 하는 일 있으리오 豈我顚冥
하늘이 그래도 나를 버리지는 않아 天猶不棄
이렇게 밝게 보여 주셨으니 荷此昭示
매양 '인' 자의 지문을 펼 때마다 每啓仁紋
경계하고 두려워하는 마음 절로 이르네 警惕自至

장복추張福樞 1815~1900, 「**지문명** 指紋銘」, 『**사미헌집** 四未軒集』

지은이 장복추의 오른쪽 손바닥에는 '인仁' 자 모양의 지문이 있었다고 한다. 지문이라기보다는 손금인 듯하다. 흔히 볼 수 있는 손금에다 약간 색다른 선이 한 개 정도 추가되면 인 자와 비슷한 모양 손금이 될 것도 같다. 지은이는 자신의 손바닥에서 유학의 핵심 사상인 '인'이란 글자를 발견하고 이렇게 명을 지어 스스로 각성하는 글로 삼았다.

손금은 사람의 운명을 점치는 데 주로 사용된다. 사람들은 손금을 잘 읽어 내는 사람을 찾아가 손바닥을 내보이며 자신의 운명을 예견해 보곤 한다. 손바닥의 살갗에 줄무늬를 이룬 선 사이에서 쏟아져 나오는 이런저런 이야기와 각종 예측은 맞고 틀리고를 떠나서 일단 신기하고 재미있다. 그러나 앞날에 대한 이야기인지라 마냥 싱긋거리며 들을 수는 없다. 선이 조금만 이쪽으로 틀어졌으면 좋은 일이 생겼을 텐데 아쉽다는 말을 듣게 되면 그날부터 며칠 동안은 어떻게든 손금을 바꾸어 보려고 노력하느라 애꿎은 손바닥만 고생하기도 한다. 손금에 대한 이야기를 듣고 칼로 성공선을 그어 끝내 목적을 이루고야 말았다는 전설적인 이야기도 호사가의 입에 종종 오르내리곤 한다.

그러나 지은이는 자기 손바닥에서 미래를 보장하는 운명선, 성공선, 재물선, 결혼선을 발견해서가 아니라 '인'이란 글자를 찾을 수 있어 크게 기뻐했다. 하늘이 못난 자신을 버리지 않아 사람답게 살 수 있도록 스스로를 돌아보게 하는 손금을 자기 손바닥에 새겨 주었다는 것이다. 내 앞날이 어떨까를 궁금해하는 것이 아니라 내 인생을 어떻게 걸어가야 할까에 관심을 두었을 뿐이다.

공자는 『논어』에서 이런 말을 했다. "부자라는 게 인력으로 되는 거라면 아무리 천하다고 하는 직업이라도 나는 그 일을 꼭 할 거네. 그러나 인력으로 되는 게 아니라면 나는 그냥 나 좋은 일을 하면서 살겠어! 富而可求也 雖執鞭之士 吾亦爲之 如不可求 從吾所好" 모두가 알다시피 성공에는 여러 변수가 작용한다. 그래서 앞날에 대해 조바심도 나는 것이다. 없는 손금을 억지로 그어서 만들 만큼 성공하고 싶은 욕망이 강렬하다면, 그 사람은 새로 생긴 손금 때문이 아니라 성공을 위해서라면 수단과 방법을 가리지 않기 때문에 끝내 이른바 '성공'을 하게 될 것이다. 그러나 공자는 정상적인 방법으로 노력해서 결과를 장담할 수 없다면 굳이 그런 길을 선택할 필요가 있겠는지 한번 생각해 보라고 권하고 있다. 결과는 내가 통제할 수 없지만 과정은 얼마든지 내가 선택할 수 있는 내 소관이다. 그러니 결과에 연연하기보다 과정에 충실하며 최대한 활용하는 방향으로 인생을 선택하는 것이 훨씬 바람직한 삶의 자세가 아닐까.

어떤 사람은 손금에서 미래를 읽으려 하지만 어떤 사람은 손금에서 오늘의 나를 돌아본다. 사람으로 태어나 사람답게 살고 있는지, 괜한 것에 홀려 잘못 가고 있지는 않은지, 후회 없는 삶을 가꾸기 위해 매 순간 손을 펼쳐 손금을 보며 자기를 반성한다. 인간에게 주어진 것이 결과가 아니라 과정이라면 '점을 쳐 보는 삶'보다는 '실천하고 돌아보는 삶' 쪽을 고르는 것이 더 현명한 선택이리라.

지팡이에게 바치는 송가

지팡이여, 지팡이여!	杖兮杖兮
짚고서 유람을 할 수도 있고	可以遊
지치면 기대어 쉴 수도 있으며	可以休
살살 거닐며 노래 부를 수도 있다네	可以逍遙而謳

허목許穆 1595~1682, 「**장명**杖銘」, 『**기언**記言』

이 명을 읽으니 떠오르는 일본 드라마가 있다. 우연한 기회에 잠깐 봐서 제목도 기억나지 않지만 인상 깊은 장면이 하나 있었다. 저승사자의 실수로 죽을 때가 아닌데 죽게 된 할머니가 아직 사망 처리가 되지 않은 20대 초반의 젊은 여자의 몸을 빌려 다시 살게 되는 내용이었다. 몸은 젊지만 정신은 그대로인 그녀는 매사에 할머니처럼 행동했다. 그러다가 우연히 달리기를 할 일이 생겼는데 자기를 할머니로 생각하고 있는지라 약한 관절을 떠올리며 지레 주저주저했다. 그러다가 어쩔 수 없이 한 다리를 내딛고 나서는 깊은 깨달음의 탄성을 내뱉었다. "아프지 않아! 온몸이 아프질 않아!" 마침내 더 이상 어느 한구석도 삐그덕 대지 않는 몸을 확인하고 환호성을 내지르며 운동장을 마구 내달렸다. 그 장면을 보는데 '아, 정말 그렇겠구나!' 하는 생각이 들었다. 노쇠한 사람이 젊은 사람의 몸을 입는다면 팽팽해진 피부나 다시 찾아온 기회를 다 떠나 우선 몸이 한 군데도 아프지 않은 것이 제일 신날 수 있겠구나 싶었다.

나이를 먹어 간다는 것은 아픈 곳이 늘어 간다는 의미이기도 하다. 아무리 관리를 잘해도 하나의 육체로 7, 8십 년을 살아가야 하니, 서른이 넘으면 슬슬 고장 나기 시작한다. 뼈에서 칼슘이 빠져나가고 관절의 연골은 닳아 버리며 전신을 곧게 지탱해 온 척추는 아무래도 어느 순간 틀어져 버린다. 몸속의 뼈들로 더 이상 버티기 힘들어질 때 외부의 버팀목이 동반자로 필요해진다. 지팡이의 부축이 시작되는 것이다. 나에게 지팡이를 써야만 하는 시절이 찾아오면 며칠은 만감이 교차할 것 같다. 거울 속에 비친 흰머리를 처음 발견하던 날 이후로 다시금 나의 늙음을 직면해야 하는 순간이 몹시도 서글프게 느껴지지 않을까.

그러나 지은이 허목은 전혀 그렇지 않을 것 같은 모습이다. 지팡이 하나 있으면, 허세 좀 쳐서, 전국 일주도 가능하다고 말할 기세다. 관절이 불편해진 뒤로는 거리가 조금만 멀어도 걸을 때마다 누군가의 부축이나 수레의 도움이 필요해서 돌아다니기가 여간 불편한 것이 아니었는데, 지팡이가 생기니 거기 기대 걷고 쉬며 혼자서 유람도 하고 좋아하던 산책도 나갈 수 있게 되었으니, 이 얼마나 즐거운 일이냐며 지팡이를 사랑스럽게 불러 댄다. 젊음을 되돌려 준다 해도 '젊음은 됐고, 나는 지팡이만 있으면 그만'이라고 되받아칠 것 같다.

사실 늙음이 서러운 것은 사회적 분위기와도 깊은 관계가 있다. 물론 사람은 예나 지금이나 나이 들수록 기억이 듬성듬성해져서 시간이 화살처럼 빨리 지나간다고 느낀다. 그래서 옛날에도 한순간 돌아보니 늙어 버린 자신을 발견하고는 '언제 이렇게?' 하는 마음을 가득 담아 늙음을 탄식하는 노래를 지어 부르곤 했다. 하지만 늙음이 연륜으로 받아들여지던 시대에는 나이 듦이 존경과 공경을 의미했다. 육체를 돌아보면 서운하기도 하지만 정신은 지혜로 성숙해 있고 그 점을 사회가 높이 쳐주니,

나이 듦이 뿌듯하기도 하고 나이 듦에 대한 책임감을 강렬하게 느끼기도 했다. 그러나 요즘에는 늙음을 무슨 퇴치하고 극복해야 하는 질병쯤으로 여긴다. 온 사회가 젊음을 숭배하기에 여념이 없다. 시간 위에서 지혜와 연륜을 쌓기 위해 노력하는 것이 아니라 육체적 동안童顔과 정신적 철없음을 유지하기 위해 온갖 정성을 쏟는다.

시간을 제대로 살아 내고 풍성한 경험과 지혜로 어른이 된 사람에게 나이 듦이란 지팡이 하나만 있으면 해결되는 일일지도 모른다. 한 번 젊어 봤으면 됐다. 누구에게나 찬란했던 젊음은 있지만 누구나 지혜롭고 매력적인 늙음을 갖는 것은 아니기 때문이다. 무엇과도 바꿀 수 없는 젊음만이 아니라 무엇과도 비길 수 없는 늙음에 대해 성찰하는 세상이 되어 갔으면 좋겠다.

銘[명], 사물에 새긴 선비의 마음

고전작품선집

평범함에서 특별함을 읽어 낸 선비들의 시선

글 임자헌
그림 정민주
감수 전백찬

2021년 12월 31일 초판 2쇄 발행

발행 한국고전번역원 **등록** 2008. 3. 12. 제300-2008-22호
주소 03310 서울시 은평구 진관1로 85
전화 02-350-4800 **팩스** 02-350-4994 **홈페이지** www.itkc.or.kr

발행인 신승운
책임편집 하현주 **편집** 김현태 서윤이 송숙희
디자인 은희주 **인쇄** 한국한술정보(주)

값 12,000원
ISBN 978-89-284-0911-2 03810

삶을 함께한
손때 묻은
물건의 가르침

'명銘'이란 곁에서 삶을 함께한 물건을 노래한 글이다.
요즈음 같은 풍요와 소비의 시대에는
이런 글을 쓰기가 어렵겠다는 생각이 든다.
모든 게 차고 넘쳐서 제 의미를 갖지 못하고
그저 그렇게 흘러가 버리기 때문이다.

잠시 여기 옛 선비와 함께 사물과 공간을 붙들고
시간에 넉넉하게 고여 보는 건 어떨까?

03810
9 788928 409112
값 12,000원
ISBN 978-89-284-0911-2